A Missa nossa
de cada dia

Dados Internacionais de Catalogação na Publicação (CIP)
(Câmara Brasileira do Livro, SP, Brasil)

Paiva, Vanildo de
 A Missa nossa de cada dia : catequese mistagógica sobre a celebração eucarística / Vanildo de Paiva. – Petrópolis, RJ : Vozes, 2024.

 Bibliografia
 ISBN 978-85-326-6667-3

 1. Eucaristia – Celebração 2. Liturgia – Igreja Católica 3. Missa – Celebração 4. Sacramentos – Igreja Católica I. Título.

23-176850   CDD-264.02036 (21)

Índices para catálogo sistemático:
1. Missa : Igreja Católica   264.02036 (21)

Eliane de Freitas Leite – Bibliotecária – CRB 8/8415

VANILDO DE PAIVA

A Missa nossa de cada dia

CATEQUESE MISTAGÓGICA SOBRE A CELEBRAÇÃO EUCARÍSTICA

Petrópolis

© 2024, Editora Vozes Ltda.
Rua Frei Luís, 100
25689-900 Petrópolis, RJ
www.vozes.com.br
Brasil

Todos os direitos reservados. Nenhuma parte desta obra poderá ser reproduzida ou transmitida por qualquer forma e/ou quaisquer meios (eletrônico ou mecânico, incluindo fotocópia e gravação) ou arquivada em qualquer sistema ou banco de dados sem permissão escrita da editora.

CONSELHO EDITORIAL
Diretor
Volney J. Berkenbrock

Editores
Aline dos Santos Carneiro
Edrian Josué Pasini
Marilac Loraine Oleniki
Welder Lancieri Marchini

Conselheiros
Elói Dionísio Piva
Francisco Morás
Gilberto Gonçalves Garcia
Ludovico Garmus
Teobaldo Heidemann

Secretário executivo
Leonardo A.R.T. dos Santos

Editoração: Maria da Conceição B. de Sousa
Diagramação: Littera Comunicação e Design
Revisão gráfica: Jhary Artiolli
Capa: Pedro Oliveira

ISBN 978-85-326-6667-3

Este livro foi composto e impresso pela Editora Vozes Ltda.

SUMÁRIO

Lista de siglas, 6

Apresentação, 7

Introdução, 11

Capítulo I – A celebração eucarística, 15
   I – Introdução, 17
   II – O Sacramento da Eucaristia, 19
   III – Uma simples comparação para pensar a estrutura da Missa, 22

Capítulo II – A mistagogia do espaço celebrativo, 25
   I – Introdução, 27
   II – Preparar a casa para a festa eucarística, 30

Capítulo III – Assembleia congregada na fé e no amor – Ritos Iniciais, 59
   I – Introdução, 61
   II – Reunir os irmãos para a festa eucarística, 61

Capítulo IV – A conversa amorosa de Deus com o seu povo – Liturgia da Palavra, 83
   I – Introdução, 85
   II – Alimentados pelo pão da Palavra, 85

Capítulo V – Comungar a vida e o projeto de Jesus – Liturgia Eucarística, 101
   I – Introdução, 103
   II – Convidados ao banquete eucarístico, 103

Capítulo VI – A Missa é missão! – Ritos Finais, 143
I – Introdução, 145
II – Ir ao mundo como outros Cristos, 145

Conclusão, 151

Referências, 155

LISTA DE SIGLAS

CIgC	*Catecismo da Igreja Católica*
CfL	*Christifidelis Laici* (Exortação Apostólica do Papa João Paulo II)
DD	*Desiderio Desideravi* (Carta Apostólica do Papa Francisco)
DCE	*Deus Caritas Est* (Carta Encíclica do Papa Bento XVI)
DV	*Dei Verbum* (Constituição Dogmática sobre a Revelação)
IGMR	*Instrução Geral do Missal Romano*
IO	*Inter Oecumenici* (Instrução da Sagrada Congregação dos Ritos)
ILM	*Introdução ao Lecionário da Missa*
MV	*Misericordiae Vultus* (Bula do Papa Francisco)
MS	*Musicam Sacram* (Sagrada Congregação dos Ritos e o "Consilium")
PO	*Presbyterorum Ordinis* (Decreto sobre o ministério e a vida dos presbíteros)
RS	*Redemptionis Sacramentum* (Instrução da Sagrada Congregação sobre o Culto Divino)
SCa	*Sacramentum Caritatis* (Exortação Apostólica do Papa Bento XVI)
SC	*Sacrosanctum Concilium* (Constituição sobre a Sagrada Liturgia)
VD	*Verbum Domini* (Exortação Apostólica do Papa Bento XVI)

APRESENTAÇÃO

A liturgia é precisamente entrar no mistério de Deus, deixar-se levar ao mistério e estar no mistério. (FRANCISCO, 2014)
Missa em Santa Marta, 10/02/2014.

Iluminado por essas palavras do Papa Francisco, quero manifestar minha gratidão ao Pe. Vanildo de Paiva pelo convite a prefaciar o seu livro **A Missa nossa de cada dia**. Esse livro vai ao encontro do momento oportuno que vivemos, na expectativa da recepção da 3ª edição típica do Missal Romano, e ainda no clima comemorativo dos 60 anos da Constituição Conciliar *Sacrosanctum Concilium*, sobre a liturgia.

Com o subtítulo **Catequese mistagógica sobre a celebração eucarística**, o autor dirige-se, especialmente, aos catequistas, aos agentes da pastoral litúrgica, às lideranças das comunidades e a todos que desejam aprofundar seu conhecimento e sua vivência da Eucaristia, oferecendo um instrumento precioso para a compreensão clara dos ritos na vivência mais profunda do mistério a ser celebrado como compromisso de vida, com a vida e na vida.

Com estilo simples e de leitura agradável, fundamentado na Palavra de Deus, nos ritos litúrgicos e nos documentos da Igreja, o autor mostra a riqueza do mistério eucarístico, utilizando-se da imagem de uma casa acolhedora, onde seus moradores celebram os momentos de alegria e tristeza. Com originalidade, em cada capítulo, são propostos encontros de Vivência Mistagógica, para aprofundar a experiência do mistério, e as orientações litúrgico-pastorais.

Jesus, com seu amor contagiante, desejou permanecer entre nós de maneira íntima e profunda na Eucaristia. Ele escolheu se tornar comida e bebida, pois comer e beber têm forte ligação com a vida. Comer e viver estão intimamente relacionados. Comemos quando sentimos fome, quando nos sentimos fracos, quando se acabam as reservas de vida. Comemos e bebemos também para celebrar. Comer e celebrar a vida são ações que caminham juntas: nascimentos, casamentos, aniversários, encontros de amigos. Comer e celebrar os momentos importantes da vida exige empenho na preparação. No primeiro capítulo, com uma **visão geral da celebração eucarística**, o autor apresenta os sinais e os significados referentes a Cristo e, no segundo capítulo, a necessidade de **preparação espiritual e do ambiente** para bem vivenciar o mistério.

O Sacramento da Eucaristia não está ligado ao pão e ao vinho isolados em si mesmos, mas enquanto assumidos e celebrados por uma comunidade que se serve deles como dons, ou seja, como instrumentos de comunhão entre as pessoas e de comunhão dos santos. A **assembleia congregada na fé e no amor** é o título do terceiro capítulo, no qual são apresentados os Ritos Iniciais da celebração, utilizando a imagem da varanda acolhedora de uma casa.

No quarto capítulo, intitulado **A conversa amorosa de Deus com o seu povo – Liturgia da Palavra**, faz-se o convite a entrar na sala para ouvir atentamente a Palavra de Deus, recordando o ensinamento da introdução do Missal Romano, "[...] Deus fala a seu povo, revela o mistério da redenção e da salvação, e oferece alimento espiritual; e o próprio Cristo, por sua Palavra, se acha presente no meio dos fiéis" (IGMR, n. 55). E o Papa Francisco destaca a importância da Palavra de Deus na celebração: "A Palavra de Deus ouvida e celebrada, sobretudo na Eucaristia, alimenta e reforça interiormente os cristãos e torna-os capazes de um autêntico testemunho evangélico na vida diária" (cf. EG, n. 174).

Comungar a vida e o projeto de Jesus – Liturgia Eucarística é o título do quinto capítulo. Usando a comparação da casa, os convivas são chamados à mesa da sala de jantar para o grande banquete e, na riqueza dos sinais do pão e do vinho, a presença de Cristo é celebrada no seu gesto de doação, de entrega por amor ao Pai e de oferta de si pela salvação da humanidade.

A Liturgia Eucarística é a solene ação de graças a Deus. Os seus elementos rituais orantes, claramente explicados pelo autor, são um chamado para os convivas entrarem no mistério do louvor e da entrega de Cristo ao Pai, atualizado na celebração. A Eucaristia é o ponto alto de nossa fé, e como nos lembrava o Papa Bento XVI: "A Eucaristia arrasta-nos no ato oblativo de Jesus" (DCE, n. 13).

No sexto capítulo, intitulado **A Missa é missão! – Ritos Finais**, destaca-se a despedida como compromisso com o testemunho do Evangelho. A Eucaristia é o Sacramento do Deus Amor, que não nos deixa sozinhos no caminho, mas se coloca ao nosso lado e nos indica o sentido e a direção para a missão. Na Eucaristia, Jesus está nos dizendo: eu quero permanecer com vocês, para que a consagração continue acontecendo no mundo. Eu quero estar unido a seus projetos de vida e missão, que devem ser os meus.

Na **conclusão** somos interpelados a "conhecer melhor o que se celebra na Missa e se deixar educar para e pela liturgia".

Com o impulso que nos vem do Espírito, desejo que este livro desperte nos corações dos leitores a verdadeira alegria de poder estar eternamente unidos a Cristo, comendo do pão e bebendo do vinho, com a certeza de que o amor jamais morrerá. Agradeço ao Pe. Vanildo pela partilha deste presente conosco. Peço a Deus que ele possa experimentar do mesmo sereno sentimento de paz e alegria, por tornar o Senhor Jesus mais conhecido e amado no mistério da Eucaristia: **a Missa nossa de cada dia**.

† José Francisco Rezende Dias
Arcebispo Metropolitano de Niterói

INTRODUÇÃO

> *A Eucaristia está na origem de toda a forma de santidade. [...] Por isso, é necessário que, na Igreja, este mistério santíssimo seja verdadeiramente acreditado, devotamente celebrado e intensamente vivido.* (SCa, n. 94)

A formação litúrgica tem sido uma preocupação crescente em nossa Igreja. A Constituição do Concílio Vaticano II sobre a Sagrada Liturgia, a *Sacrosanctum Concilium*, que neste ano de 2023 completa seus exatos 60 anos de promulgação, já apontava para a necessidade da formação litúrgica para se chegar à participação plena, consciente e ativa na celebração (cf. SC, n. 14).

O Papa Francisco dedicou recentemente (29 de junho de 2022) uma bela Carta Apostólica (*Desiderio Desideravi*) ao tema da formação litúrgica de todo o povo de Deus, preocupado em garantir que a Igreja possa "contemplar a beleza e a verdade da Celebração cristã" (DD, n. 1. 62). Ele é incisivo em nos alertar para os riscos de perdermos o sentido do mistério celebrado, especialmente na Eucaristia, se não nos deixarmos educar *para* a liturgia e *pela* liturgia, e nos questiona seriamente:

> A falta de acolhimento da reforma, bem como a compreensão superficial dela, nos distrai do empenho de encontrar respostas para a pergunta que volto a repetir: como crescer na capacidade de viver a ação litúrgica em plenitude? Como continuar a nos surpreender com o que acontece diante de nossos olhos na Celebração? Precisamos de uma séria e vital formação litúrgica. (DD, n. 31)

O livro *A Missa nossa de cada dia – Catequese mistagógica sobre a celebração eucarística* foi escrito com a intenção de colaborar nessa urgente e necessária tarefa da formação litúrgica de nossas comunidades cristãs católicas, para que mergulhem com proveito no mistério eucarístico. Entendemos que somente estudar não é suficiente para bem vivermos a liturgia; mas, por outro lado, sem um adequado conhecimento da teologia, que sustenta a ritualidade, não é possível celebrarmos "em espírito e verdade" (Jo 4,24). Uma catequese mistagógica, que inclua em seus itinerários as celebrações litúrgicas e se preocupe com a iniciação dos catequizandos à vivência da ritualidade, é fundamental para uma autêntica educação da fé, como já lembrava Bento XVI:

> Para isso, os padres sinodais indicaram unanimemente a estrada duma catequese de caráter mistagógico, que leve os fiéis a penetrarem cada vez mais nos mistérios que são celebrados. Em concreto e antes de mais, há que afirmar que, devido à relação entre a arte da celebração e a participação ativa, "a melhor catequese sobre a Eucaristia é a própria Eucaristia bem celebrada"; com efeito, por sua natureza, a liturgia possui uma eficácia pedagógica própria para introduzir os fiéis no conhecimento do mistério celebrado. Por isso mesmo, na tradição mais antiga da Igreja, o caminho formativo do cristão – embora sem descurar a inteligência sistemática dos conteúdos da fé – assumia sempre um caráter de experiência, em que era determinante o encontro vivo e persuasivo com Cristo anunciado por autênticas testemunhas. (SCa, n. 64)

Uma metáfora acompanhará o leitor na sua leitura dos capítulos deste livro: a imagem da casa. Comparamos as partes da Missa aos cômodos aconchegantes de uma casa que acolhe os amigos e irmãos para que entrem, se alimentem da Palavra, da Eucaristia e da caridade, em cada celebração. É certo que nenhuma comparação dará conta de expressar toda a riqueza da Liturgia Eucarística e nem é nossa pretensão esgotar o assunto. O livro não é um compêndio teológico sobre a Liturgia da Missa, mas um convite ao leitor para que se coloque diante de cada um dos seus ritos, os contemple e pergunte pelo seu sentido, com sua mente e seu coração abrasado, como no encontro de Jesus com seus amigos, em Emaús (cf. Lc 24,32).

Os capítulos sobre a estrutura da Missa estão igualmente organizados de uma maneira dinâmica, que permite o seu estudo individualmente ou em grupo, celebrando cada passo dado. Para os principais ritos da Missa é proposta uma **Vivência Mistagógica,** para que o rito litúrgico seja desdobrado na vida e sua íntima relação com o cotidiano seja mais bem percebida. Em seguida, na seção **O rito e a Bíblia**, alguns versículos bíblicos são apresentados, relacionando o sentido do rito com a Palavra de Deus. Na seção **O que nos ensina a Igreja,** o rito é explicado a partir dos documentos oficiais da Igreja e do Missal Romano, de maneira sintética, com possibilidades de aprofundamento nas fontes indicadas. A Liturgia da Missa não pode ficar refém de voluntarismos e achismos de leigos e de padres. Há fontes muito claras, de onde podemos beber, com segurança, dos ensinamentos da Igreja sobre a celebração eucarística. A última seção, **Orientações Litúrgico-pastorais**, visa ajudar sobretudo as equipes e os animadores da liturgia, na sua exigente tarefa de preparar e conduzir bem as celebrações eucarísticas.

Para preparar com esmero a "casa da Missa", a fim de que sua incursão, caro(a) leitor(a), nesse cenário mistagógico seja muito agradável e proveitosa, outras pessoas deram sua contribuição, com uma leitura cuidadosa e competente. Gratidão à liturgista Maria Cristina Centurião Padilha (Tininha) e à cateequeta Marlene Maria Silva.

Bem-vindo(a) à Casa da Missa nossa de cada dia! Que a leitura atenta deste livro lhe auxilie na redescoberta da beleza da Missa e lhe possibilite crescer na participação consciente e alegre da celebração do Mistério Pascal: "Toda essa riqueza não está longe de nós: está nas nossas igrejas, nas nossas festas cristãs, na centralidade do domingo, na força dos sacramentos que celebramos. A vida cristã é um caminho contínuo de crescimento: somos chamados a nos deixar formar com alegria e em comunhão" (DD, n. 62).

CAPÍTULO I

A celebração eucarística

I – INTRODUÇÃO

A celebração eucarística ocupa um lugar central na vida da Igreja e, de modo muito especial, nos itinerários catequéticos. Enquanto culminância dos processos de Iniciação à Vida Cristã e sacramento duradouro na nossa caminhada de fé, a Missa, como costumeiramente a chamamos, ocupa boa parte da atenção da catequese. Isso se deve não apenas pelo fato de os iniciandos fazerem uma progressiva preparação até a sua plena iniciação sacramental com o Sacramento da Eucaristia, mas também porque esta se constitui a fonte e o ponto mais alto da vida do cristão, como nos afirma a Igreja (cf. SC, n. 10).

> Toda a iniciação do cristão tem um ponto de chegada, onde pode continuamente retornar, para repousar em Cristo: a Eucaristia. Seguramente, este é o sacramento central da experiência eclesial, o que melhor de todos realiza e anuncia a comunhão entre Deus e os seres humanos, e dos humanos entre si.[1]

A estrutura que a celebração eucarística possui hoje foi organizada lentamente, ao longo de muitos séculos. No início, a memória da última ceia realizada por Jesus com seus amigos era celebrada de maneira muito simplificada e em pequenos grupos, nas casas e em lugares escondidos, uma vez que o cristianismo e seus ritos não eram aceitos pelo Império Romano. O livro dos Atos dos Apóstolos nos traz um bonito retrato da comunidade cristã reunida para celebrar a Eucaristia: "Eles frequentavam com perseverança a doutrina dos apóstolos, as reuniões em comum, o partir do pão e as orações [...]. Partiam o pão nas casas e comiam com alegria e simplicidade de coração" (At 2,42.46).

São Paulo também, em suas cartas, nos dá algumas informações sobre as reuniões das comunidades para celebrarem a ceia do Senhor, como em sua Primeira Carta aos Coríntios. Nela, ele recorda à comunidade o sentido da Eucaristia, transmitindo-lhe o que aprendeu dos apóstolos e mostrando a todos a necessária relação entre celebração eucarística e amor fraterno (cf. 1Cor 11,17-34).

Aos poucos, o rito central da partilha do pão foi sendo enriquecido e desenvolvido. A Liturgia da Palavra, prática comum nas liturgias judaicas, logo foi incorporada à celebração, formando essa necessária e rica interação das cha-

---

1 GRILLO, A. *Ritos que educam*: os sete sacramentos. v. 4. Brasília: CNBB, 2017. p. 83. (Coleção Vida e Liturgia da Igreja)

madas "duas mesas": a mesa do pão da Palavra e a mesa do pão eucarístico. Outros elementos foram sendo organizados e vinculados à Liturgia da Missa, até chegarmos à belíssima estrutura que temos hoje.

Desde o século II, temos notícias de uma estrutura básica da Liturgia da Missa, embrião do que temos hoje. São Justino Mártir já testemunhava um rito que congregava pessoas em um mesmo lugar. Ali, havia a leitura de textos bíblicos e sua explicação. Em seguida, havia preces e o beijo da paz. Dando continuidade, o cálice com vinho misturado com água e pão que, tomados pelo presidente, eram oferecidos em solene ação de graças. Após um amém solene, o diácono distribuía pão e vinho "eucaristizados" e levava também a outros irmãos que não puderam participar da celebração[2].

Com a aceitação do cristianismo pelo Império Romano e sua obrigatoriedade a todo o povo, a Liturgia Eucarística foi ganhando destaque. Aos poucos, os templos foram sendo construídos ou adaptados aos prédios e palácios doados pelos senhores cristãos ricos, possibilitando às celebrações sacramentais se organizarem com maior riqueza de detalhes. Na Idade Média, sobretudo, as liturgias foram assimilando os costumes e as pompas imperiais, tornando-se cada vez mais complexas e distantes da sua experiência original da pequena comunidade assentada em torno da mesa para a refeição fraterna, como Jesus havia feito na última ceia.

Esse modo de celebrar a liturgia, mais compreendida como "cerimônia" do que mesmo como celebração da vida do povo, inserida no Mistério Pascal de Jesus Cristo, durou muito tempo. Foi o Concílio Vaticano II (1962-1965), com todos os movimentos preparatórios, incluindo o Movimento Litúrgico, que buscou resgatar a autêntica natureza da liturgia, inspirando-se nas suas origens e nas práticas do primeiro milênio. De modo especial, a Constituição *Sacrosanctum Concilium*, de 4 de dezembro de 1963, sobre a Sagrada Liturgia, veio alavancar e sustentar teologicamente a chamada reforma litúrgica, empreendimento ainda em curso, não obstante tantos anos já nos distanciem de sua publicação.

De fato, toda a riqueza da liturgia apontada pela *Sacrosanctum Concilium* e demais documentos que se seguiram a ela ainda não é bem conhecida e assimilada pelas nossas comunidades cristãs católicas, nem mesmo pelas suas li-

---

2 JUSTINO, S. Apol. 1,65. *In: Catecismo da Igreja Católica*, 1993, n. 1345.

deranças. Há muito ainda o que estudar e aprofundar nesse terreno da liturgia, principalmente no que se refere à celebração eucarística! E conhecer com profundidade a sagrada liturgia é o caminho apontado pelo próprio Concílio para que "os fiéis participem da liturgia de maneira ativa e frutuosa, sabendo o que estão fazendo" (SC, n. 11). Daí a insistência para que os pastores, sobretudo, cuidem de uma boa formação dos fiéis leigos e leigas para a vivência ritual: "A Igreja deseja ardentemente que todos os fiéis participem das celebrações de maneira consciente e ativa, de acordo com as exigências da própria liturgia e por direito e dever do povo cristão, em virtude do batismo, como 'raça eleita, sacerdócio régio, nação santa e povo adquirido' (1Pd 2,9; cf. 2,4-5)" (SC, n. 14).

O Papa Francisco, na sua Carta Apostólica *Desiderio Desideravi* (palavras latinas retiradas de Lc 22,15: "Tenho desejado ardentemente comer convosco essa ceia pascal, antes de padecer"), lembra-nos que a Eucaristia é dom de Deus que atrai a si todo ser humano e o convida para se sentar à mesa em cuja ceia seu próprio Filho se dá como alimento e salvação. Resta-nos responder com alegria e gratidão ao seu convite:

> Antes de nossa resposta ao convite que Ele faz – muito antes -, existe seu desejo de nós: pode acontecer de não estarmos conscientes disso, mas todas as vezes que vamos à Missa, nós o fazemos, porque somos atraídos pelo desejo que Ele tem de nós. De nossa parte, a resposta possível – e o ascetismo mais exigente – é, como sempre, de se render ao seu amor, de querer se deixar ser atraído por Ele. Certamente, cada comunhão nossa com o Corpo e o Sangue de Cristo, foi desejada por Ele na Última Ceia. (DD, n. 6)

II – O SACRAMENTO DA EUCARISTIA

A Igreja nos ensina que o Sacramento da Eucaristia é "fonte e ápice de toda a vida cristã" (LG, n. 11). Os outros sacramentos, atividades pastorais e ministérios na vida da Igreja estão intimamente ligados a ele, dele dependem e dele retiram toda sua força para a missão. Se cabe a cada cristão santificar o mundo pelo seu modo de ser e viver, ele o deve fazer sempre em íntima união com a Eucaristia, como lembrava Santo Irineu: "Nossa maneira de pensar concorda com a Eucaristia, e a Eucaristia, por sua vez, confirma a nossa maneira de pensar"[3].

A riqueza do Sacramento da Eucaristia e suas diversas dimensões ou aspectos lhe renderam uma diversidade de nomes[4] ao longo dos séculos. Hoje é muito comum ouvir as pessoas dizerem: "vamos à Missa". Aqueles mais ligados às atividades eclesiais também costumam falar: "Precisamos preparar a celebração eucarística" ou "somos responsáveis pela liturgia de hoje!". De fato, há muitas maneiras diferentes para nos referirmos à celebração do Sacramento da Eucaristia, dependendo da ênfase que queiramos dar a ele: Ceia do Senhor, Fração do Pão, celebração eucarística, Memorial da Paixão, Santo Sacrifício, Santa Liturgia, Comunhão e Santa Missa.

A palavra **Eucaristia** significa ação de graças a Deus pelos inúmeros benefícios a nós concedidos. Portanto, Eucaristia não se refere somente às espécies do pão e do vinho consagrados, mas a toda a celebração, na qual, com Cristo, por Cristo e em Cristo, toda a assembleia glorifica ao Pai, no Espírito que é Mestre da oração, e busca sua própria santificação. Quando falamos, portanto, de celebração eucarística, nos referimos ao culto que toda a Igreja, cabeça e membros, apresenta ao Pai, em profunda ação de graças, especialmente pelo Cristo, maior dom de Deus à humanidade (cf. SC, n. 7).

Uma expressão muito cara à tradição da Igreja e bastante significativa para nós é **Ceia do Senhor**. A Eucaristia foi instituída como sacramento permanente da presença de Jesus entre nós, em uma refeição que Jesus realizou com seus discípulos, por ocasião da sua despedida, na véspera de sua Paixão. Naquela ocasião, a partir de um rito especial aos judeus, que fazia memória da libertação dos israelitas do Egito, Jesus atualizou a história sagrada, tendo como referência maior a sua própria vida dada para a libertação definitiva da humanidade. Não mais o cordeiro dos sacrifícios antigos seria imolado, mas seu próprio corpo e sangue seriam entregues para a vida de toda pessoa humana, libertando a todos do pecado e da morte definitiva. O que o próprio Jesus havia anunciado anteriormente, quando falara de dar a comer o seu próprio corpo e dar a beber

---

3 IRINEU, S. Haer. 4,18,5. In: *Catecismo da Igreja Católica*. 3. ed. n. 1327. Petrópolis: Vozes; São Paulo: Paulinas, Loyola, Ave-Maria, 1993.

4 *Catecismo da Igreja Católica*. 3. ed. n. 1328-1332. Petrópolis: Vozes; São Paulo: Paulinas, Loyola, Ave-Maria, 1993.

o seu próprio sangue (cf. Jo 6), Ele realizou ao redor daquela mesa, na última ceia. Ali nasceu a Eucaristia com alimento a ser comido e bebido, pão da vida e vinho da salvação doados aos seres humanos como a maior prova do amor e da misericórdia de Deus. Corre-se o risco, hoje, de se perder essa dimensão da Eucaristia como comida e bebida, diante de tantos devocionalismos eucarísticos e visões distorcidas do próprio Sacramento da Eucaristia, mais focados em "olhar e adorar a hóstia" do que mesmo tomá-la como verdadeiro alimento.

Também o nome **Fração do Pão** dado ao rito eucarístico remete-nos à refeição judaica, especialmente àquela última realizada por Jesus, quando ele tomou o pão em suas mãos, agradeceu ao Pai, repartiu o pão e o deu aos seus convivas, como presidente da mesa. Esse gesto de fracionar o pão, retomado em cada celebração, é muito significativo e certamente marcou mistagogicamente a percepção dos discípulos, que o reconheceram após a ressureição justamente por esse sinal (cf. Lc 24,13-35). No pão partido, faz-se a experiência da presença real e substancial do próprio Senhor em sua Igreja. No livro dos Atos dos Apóstolos, os primeiros cristãos designavam com esse nome as suas assembleias eucarísticas (cf. At 2,32.46; 20,7.11). Fracionar o pão é sinal que convida à unidade e ao compromisso de sempre repartir com os irmãos o que se é e o que se tem, como decorrência da própria comunhão em Cristo.

Também a celebração eucarística é chamada de **Memorial da Paixão do Senhor** ou do seu **Santo Sacrifício**. Memorial, sabemos bem, não é simples lembrança ou recordação do passado. Memorial é atualização, é a inserção, hoje, da Igreja congregada em assembleia, no único e definitivo sacrifício do Senhor, que morre na cruz para salvação da humanidade. É sacrifício porque é entrega dolorosa da vida de Jesus. Sacrifício também tem o sentido de uma ação sagrada, realizada por Ele e revivida ritualmente pela Igreja na Liturgia Eucarística. Cada vez que se celebra a Eucaristia, somos novamente santificados pelo sacrifício puro e santo de Jesus, que continua se entregando pela nossa libertação.

Outra palavra carregada de sentido, usada para designar a celebração do Sacramento da Eucaristia, é **Comunhão**, união com Deus e com os irmãos, formando um só corpo ao participarmos do Corpo e do Sangue de Jesus. Toda a estrutura da Missa nos permite viver essa comunhão. Se observarmos, por exemplo, a Prece Eucarística, veremos que o Espírito Santo é invocado duas vezes (o que recebe o nome de epiclese) para estabelecer essa plena comunhão: sobre as oferendas e sobre a comunidade que ali reza, ao que a assembleia implora: "fazei de nós um só corpo e um só espírito".

No entanto, a palavra que hoje mais se usa para exprimir o mistério eucarístico celebrado é **Missa**. Entendemos que a Eucaristia celebrada nos compromete com a vivência da Palavra meditada e com a participação plena da entrega que Cristo fez da sua própria vida. Assim, toda celebração se prolonga no envio (*missio*) da assembleia, na missão que esta assume de viver o que foi celebrado, como nos indica o Concílio: "A liturgia também leva os fiéis a serem 'unânimes na piedade', depois de participarem dos 'sacramentos pascais', para que 'na vida conservem o que receberam na fé'" (SC, n. 10). Há muito por fazer pela transformação das pessoas e do mundo. Ser sal da terra e luz na vida de outros (cf. Mt 5,13-14) é desdobramento ético da celebração da Eucaristia. Esta tem uma dimensão social e política que leva quem reza a comprometer-se em gerar vida em plenitude para todos, como Jesus fez (cf. Jo 10,10).

Diante de tantas dimensões igualmente importantes e complementares da Eucaristia, compreendemos melhor a sua beleza e profundidade, bem como o quanto é sempre um ato exigente dela participar. Na riqueza dessas dimensões que se enlaçam na contemplação de um só Mistério, tomemos o cuidado de não querer reduzir a Eucaristia a somente um aspecto, aquele que melhor convém à nossa devoção, mas nos esforcemos por experimentar e vivenciar toda a sua plenitude e graça!

III – UMA SIMPLES COMPARAÇÃO PARA PENSAR A ESTRUTURA DA MISSA

Mesmo sabendo que toda comparação é falha, nosso esforço didático nos pede alguma metáfora que possa ajudar na melhor compreensão da estrutura da Missa. Quando organizamos as ideias a partir de uma referência concreta, simbólica, fica mais fácil perceber a íntima relação dos elementos que compõem o todo. Por isso, recorreremos aqui à imagem da **casa** para falar das partes da Missa. Casa nos faz pensar em intimidade, comunhão de pessoas, aconchego e cuidado. Ter uma casa e pessoas queridas, que formam um verdadeiro lar, é sempre motivo de alegria! Ter uma casa para receber os amigos e acolher aqueles que precisam de proteção é uma bênção! Por isso, pensemos em uma aconchegante casa enquanto aprofundamos as partes e os ritos da Missa. Imaginemos uma casa com uma bonita e florida varanda, e portas abertas para acolher os que ali chegam. Façamos memória de um lar onde todos se sentem à vontade. Pessoas ali entram e saem e, aos passantes pela rua, fica a impressão de que é muito bom estar nessa casa, conviver com os irmãos que ali conversam, cantam, tomam suas refeições e encontram seu descanso!

Na Missa, nós também estamos em casa; nos reunimos como irmãos e irmãs para glorificar o Pai, para escutar o que Ele tem a nos dizer e falar com Ele a respeito da nossa vida. Na Missa, nos sentimos acolhidos por Deus e podemos fazer a experiência do encontro com os irmãos e irmãs, que nos enche de ânimo e de esperança. Ali nos alimentamos do diálogo e do pão que nos é servido. Afinal, a vida é caminhada, mas também precisamos de pausas para refazer as forças. Na vida, cada um tem que empreender a sua luta, mas precisamos de encontros fraternos que sustentem e motivem nossos passos.

Na comparação que faremos, nós poderemos pensar na casa da Missa da seguinte maneira: à varanda correspondem os **Ritos Iniciais**. A sala de estar, onde dialogamos longamente com as pessoas que tanto amamos, ajuda-nos a pensar na **Liturgia da Palavra**. Já a **Liturgia Eucarística**, na qual se dá graças pelos dons de Deus e se repartem o pão e o vinho consagrados, pode ser comparada à sala de jantar, com uma mesa cheia de convivas. E a porta da casa nos remete aos **Ritos Finais** da celebração. Nos próximos capítulos, visitaremos cada espaço dessa casa aconchegante, com o coração cheio de alegria, como aqueles peregrinos que ansiosamente subiam para o Templo, cantando: "Alegrei-me, quando me disseram: 'vamos à casa do Senhor!' Nossos pés pararam às tuas portas, Jerusalém" (Sl 122(121),1-2).

CAPÍTULO II

A mistagogia do espaço celebrativo

I – INTRODUÇÃO

> *Eles perguntaram: "Onde queres que prepare-*
> *mos a Ceia da Páscoa?". Jesus respondeu-lhes:*
> *"Entrando na cidade, virá ao vosso encontro*
> *um homem carregando um cântaro de água.*
> *Segui-o até a casa em que entrar e dizei ao*
> *dono da casa: 'O Mestre manda perguntar:*
> *Onde está a sala em que vou comer a Ceia*
> *da Páscoa com os meus discípulos?' Ele vos*
> *mostrará uma grande sala mobiliada, no andar*
> *de cima. Fazei ali os preparativos". Eles foram e*
> *acharam tudo como lhes dissera, e prepararam*
> *a Ceia da Páscoa.* (Lc 22,9-13)

Jesus se mostrou cuidadoso quanto ao espaço celebrativo no qual comeria a última ceia com seus amigos. Ele próprio recomendou que aquele ritual da nova e definitiva Aliança, a ser feita com a doação de sua própria vida, fosse repetido ao longo de todos os tempos em sua memória, até a vinda definitiva do Reino (cf. Lc 22,16). A celebração eucarística nasceu, portanto, dentro de um lugar específico, uma sala devidamente ornamentada, e com um conjun-to de elementos concretos, que permaneceriam como sinais característicos a apontar para o mistério da sua presença real entre nós.

Mesmo tendo consciência de que "o Deus que fez o mundo e todas as coisas que nele existem, sendo o Senhor do céu e da terra, não habita em santuários feitos por mãos de homens" (At 16,24), desde o início, os cristãos perceberam a necessidade de locais adequados para congregar a assembleia dos eleitos (*ecclesia*), povo convocado pela Santíssima Trindade, para a cele-bração do culto a Deus. Numa descontinuidade criativa do judaísmo, os pri-meiros cristãos foram deixando para trás as sinagogas e o próprio templo de Jerusalém, que no ano 70 da era cristã foi totalmente destruído. Eles se reuniam nas casas de membros da comunidade ou nas chamadas "casas da Igreja" (*Domus Ecclesiae*), casas disponibilizadas e adaptadas para a liturgia, até que mais tarde fossem construídos os templos cristãos.

Uma convicção, no entanto, sempre foi muito clara para a Igreja: a principal casa onde Deus habita é cada pessoa humana. Os batizados são considerados "pedras vivas", como nos recorda o Catecismo da Igreja Católica:

> O culto "em espírito e em verdade" (Jo 4,24) da Nova Aliança não está ligado a um lugar exclusivo. A terra inteira é santa e foi entregue aos filhos dos homens. O que ocupa lugar primordial, quando os fiéis se congregam em um mesmo lugar, são as "pedras vivas" reunidas para a "construção de um edifício espiritual" (1Pd 2,4-5). O corpo de Cristo ressuscitado é o templo espiritual do qual jorra a fonte de água viva. Incorporados a Cristo pelo Espírito Santo, "nós é que somos o templo do Deus vivo" (2Cor 6,16).[5]

Desse modo, podemos afirmar que, onde estiverem os cristãos reunidos em nome do Senhor, ali estará a sua Igreja, porque entre eles o próprio Senhor se faz presente (cf. Mt 18,20). O templo destruído do seu corpo, pela Morte, foi erguido definitivamente pelo mistério da sua Ressurreição. Assim, cabeça e membros tornam-se um solene templo espiritual, cuja sacralidade transcende os limites de qualquer construção humana. Toda profanação da pessoa humana é profanação do próprio santuário do Senhor.

No entanto, "as igrejas cristãs são sinais materiais deste templo espiritual [...]. Além de ser corpo místico, a Igreja é também uma realidade física e precisa de um espaço para que a comunidade possa reunir-se ao redor do seu Senhor, ouvir a sua Palavra e celebrar a sua ceia"[6]. E como são significativos para todos nós os templos construídos em nossas comunidades urbanas e rurais! Tornam-se referências da identidade dos cristãos católicos e verdadeiros "chãos sagrados" onde "tiramos as sandálias" (cf. Ex 3,6) para entrar, entendendo que se tratam de "casas de Deus" e também nossas. À manutenção e ao embelezamento das igrejas, dedicamos nossos melhores recursos e nosso tempo, simbolizando, nesses gestos, nosso desejo de oferecer o melhor a Deus como sinal de gratidão pelos seus inúmeros benefícios.

---

5 *Ibid.*, n. 1179.

6 CNBB - Conferência Nacional dos Bispos do Brasil. *Orientações para o projeto e construção de igrejas e disposição do espaço celebrativo*. Estudos da CNBB n. 106. São Paulo: Paulus, 2013. p. 11.

Hoje fala-se muito que o espaço físico onde vivemos expressa o que trazemos dentro de nós, em nosso coração e em nossa mentalidade. O espaço revela nosso ser! Mas também revela o que acreditamos a respeito de Deus e a concepção que temos da própria Igreja. Até as formas arquitetônicas de uma igreja dizem muito sobre como aquela comunidade compreende a sua relação com Deus e seu olhar para a dinâmica da vida eclesial e litúrgica. Certamente, as construções mais antigas falam de uma eclesiologia também mais antiga, enquanto as igrejas construídas mais recentemente deveriam expressar uma eclesiologia atualizada, o que, no entanto, nem sempre se verifica!

Justifica-se, por exemplo, que a beleza de Deus se expressa na beleza de um templo, em suas pinturas, ornamentações, alfaias etc. De algum modo, isso está certo. Entretanto é preciso cuidar para que esse aspecto material não ofusque a sacralidade daqueles que farão uso do templo e nem inverta valores. Em outras palavras, o luxo do templo e das alfaias e o dinheiro excessivo empregado em uma construção material não podem ser causa de escândalo em relação aos pequeninos do Reino, tantas vezes ignorados até em suas necessidades elementares. Pode ocorrer que o que deveria servir de sinal da presença de Deus e convite à comunhão e à festa da vida se torne fonte de opressão ou exclusão de tantos irmãos:

> Há uma necessidade urgente de construir espaços que reflitam a "vida" que existe nas comunidades, espaços de beleza que inspirem e plasmem relações humanas de encontro das pessoas com Deus e com os irmãos. As igrejas precisam manifestar-se como lugares de acolhida, fraternidade, gratuidade, festa, e ser sinais visíveis da presença de Deus no meio do povo.[7]

Além do aspecto estético, dimensões fundamentais do espaço celebrativo são sua funcionalidade e, muito mais, o que ele dá conta de exprimir a respeito da riqueza teológica da liturgia e da ministerialidade da comunidade que celebra sua fé. Todos os elementos materiais e sensíveis estão a serviço da celebração e do aprofundamento da fé. Por meio daquilo que o povo celebrante vê e experimenta, por meio dos cinco sentidos, espera-se que chegue ao Mistério, ao próprio Cristo, que é invisível. Os sentidos devem levar ao Sentido Maior!

---

7 *Ibid.*, p. 13.

E isso depende muito do espaço celebrativo, de sua organização, da disposição dos seus elementos materiais etc., como nos recorda a Instrução Geral do Missal Romano:

> Tudo isso, além de exprimir a ordenação hierárquica e a diversidade das funções, deve constituir uma unidade íntima e coerente pela qual se manifeste com evidência a unidade de todo o povo de Deus. A natureza e a beleza do local e de todas as alfaias alimentem a piedade dos fiéis e manifestem a santidade dos mistérios celebrados.[8]

II – PREPARAR A CASA PARA A FESTA EUCARÍSTICA

Assumindo a metáfora da casa para falarmos da Missa e de sua estrutura, é necessário partirmos do pressuposto de que acolher nela a comunidade cristã para a celebração litúrgica requer muita delicadeza e cuidado da parte de quem organiza a festa eucarística, a saber, das equipes de liturgia, dos padres e funcionários da igreja. Dos gestos de amor nunca devemos descuidar! Por isso mesmo, a preparação do ambiente celebrativo é de fundamental importância, não só pelo caráter funcional e prático que ele deverá possibilitar à ritualidade, mas também pelo seu aspecto mistagógico, isto é, por aquilo que ele transmite em si mesmo.

Ao entrar em um determinado lugar para a celebração da Missa, quase sempre em um templo, tudo precisa conduzir à profundidade do Mistério a ser vivenciado: a disposição do presbitério para a ação sagrada, bem como dos bancos para a assembleia; a ornamentação; as cores da igreja; a iluminação; a ventilação; a limpeza etc. Tudo fala, comunica uma mensagem que não está explícita, que rapidamente toca o coração e o inconsciente de quem celebra. O espaço celebrativo anuncia e denuncia, de maneira muito rápida, quem ocupa a centralidade da celebração, qual a relação que a comunidade percebe entre Palavra e Eucaristia, como se equilibram os ministérios litúrgicos naquela

---

8 CNBB - Conferência Nacional dos Bispos do Brasil. *Instrução Geral sobre o Missal Romano e Introdução ao Lecionário*. Texto oficial da terceira edição típica do Missal Romano. Brasília: CNBB, 2023.

assembleia, o seu nível de espiritualidade litúrgica, para citar alguns exemplos. Nada é neutro em um espaço celebrativo. Seus elementos podem ser simbólicos (o que une, aproxima, cria comunhão) ou diabólicos (o que divide, dispersa, fragmenta).

1 A preparação espiritual

Se estamos de acordo que a casa de Deus é cada um de nós, e que, juntos, formamos o corpo de Cristo, nos parece importante pensar a preparação da Missa a partir do cuidado espiritual de cada celebrante, para maior proveito da celebração. A assembleia orante não se iguala a um auditório ou coisa semelhante. Não é um mero aglomerado de pessoas, vindas de todos os cantos, com objetivos diferentes e desconexas entre si. Pelo contrário, a assembleia litúrgica constitui um único corpo que reza ao Pai, com o Cristo cabeça, no Espírito santificador. É um povo escolhido e convocado pela Santíssima Trindade. Sinal disso é o reconhecimento de que fomos "convocados" e "reunidos" pela Trindade ao traçarmos em nós o sinal da cruz.

De acordo com o Concílio Vaticano II, "a principal manifestação da Igreja é a participação plena e ativa de todo o povo de Deus nessas celebrações litúrgicas, e especialmente na mesma Eucaristia, na mesma oração e em torno do mesmo altar" (SC, n. 41). Isso significa dizer que uma assembleia litúrgica expressa de maneira evidente o mistério da própria Igreja, comunidade remida pelo Senhor e congregada para ser seu sinal no meio do mundo. Ela não se autoconvoca para a oração, mas responde ao chamado do Senhor para ser a "geração escolhida, sacerdócio régio, nação santa, povo que ele conquistou para proclamar os grandes feitos daquele que vos chamou das trevas para a sua luz admirável" (1Pd 2,9).

Por isso mesmo, a preparação espiritual de cada membro da assembleia orante qualifica não somente a oração pessoal, mas enriquece a própria Igreja que reza. Desse modo, não nos parece forçado dizer que a Missa já tem seu início antes mesmo da celebração, em casa, no trabalho, na vida cotidiana de cada fiel. E, quando cada pessoa vai entrando no templo que reconhece como sua própria casa, para formar assembleia com outras pessoas que professam a mesma fé, o primeiro ato litúrgico já se dá: "a liturgia não inicia nem com o canto de entrada nem muito menos com o sinal da cruz, mas com o ato de Deus de convocar a si mesmo o seu povo e o ato do povo que responde à chamada, reunindo-se em assembleia"[9].

É preocupante constatar o quanto nossas assembleias litúrgicas carecem de consciência de que elas são, em si mesmas, sacramentos, isto é, sinais autênticos da presença e da ação de Deus. A maioria das pessoas que participam da celebração não o fazem de modo consciente, piedoso e ativo, como pede a *Sacrosanctum Concilium* (cf. n. 14). A busca da Missa, em muitos casos, não é movida pela consciência do sacramento em si mesmo, mas por obrigação ou cumprimento de preceito. Assim, a tão necessária preparação espiritual também não é assumida pelo fiel como parte da própria celebração. Deficiente também é, em certos espaços celebrativos, a posição em que a assembleia é colocada, muito distante do presbitério, como se fossem dois ambientes fragmentados entre si. Quando a reforma litúrgica pediu que deslocasse a mesa do altar, antes colada ao altar central, para o "centro" da celebração, o que daria uma ideia melhor de família reunida em torno da mesa da refeição, quis dar a assembleia o lugar que lhe é devido, isto é, integrada em um único corpo orante. A grade que separava o presbitério da nave da igreja foi retirada, mas a mentalidade que distancia o povo do presidente da celebração e dos demais ministros ainda persiste em muitas cabeças, infelizmente!

Se entendemos, com a Igreja, que a liturgia é fonte e cume da vida cristã (cf. SC, n. 10), é essencial compreender também que tudo o que vivenciamos no dia a dia é levado para a celebração e, de alguma maneira, dela deve decorrer. A Missa não pode funcionar como um apêndice da vida ou parênteses que se abrem e se fecham. Ela é a celebração da vida, com tudo o que ela comporta: alegrias, conquistas, luzes, mas também tristezas e sombras da caminhada. O que se leva para se oferecer, sintetizado no pão e no vinho, é a própria vida construída com fé e esperança.

Jesus foi muito claro quando condicionou a validade espiritual do culto à prática da caridade na vida diária, quando ensinou: "Portanto, se estiveres diante do altar para apresentar tua oferta e ali te lembrares de que teu irmão tem alguma coisa contra ti, deixa tua oferta lá diante do altar, vai primeiro reconciliar-te com teu irmão e então volta para apresentar a tua

---

9 BOSELLI, G. *O sentido espiritual da liturgia*. Brasília: CNBB, 2014. p. 106. (Coleção Vida e Liturgia da Igreja, v. 1)

oferta" (Mt 5,23-24). Então, preparar-se para a celebração implica um compromisso ético com o Evangelho, bem como adesão ao projeto de Jesus, que culmina na entrega da própria vida, mistério que celebramos em cada Missa.

A preparação espiritual também se dá imediatamente antes do início da Missa, quando o fiel celebrante entra na igreja e encontra um ambiente aconchegante e sereno. Um fundo musical tranquilo e uma iluminação discreta podem ajudar bastante nesse processo. Às vezes, um ensaio de cantos também favorecerá essa preparação. O barulho de aparelhos de som ou instrumentos dificulta criar um clima adequado à celebração e precisa ser evitado. Hoje muitas comunidades optaram pelo uso de refrãos meditativos (ou mantras), que oferecem um caminho orante que vai da palavra à mente, terminando no coração de cada membro da assembleia, favorecendo que saia da dispersão e se prepare interiormente para a celebração do Mistério Pascal de Jesus Cristo.

UMA VIVÊNCIA EM PREPARAÇÃO À MISSA

a) Convidar as pessoas a chegarem no mínimo com **15 minutos de antecedência** para a celebração da Missa.
b) Deixar o ambiente com **iluminação leve** e aconchegante.
c) **Fundo musical** instrumental tranquilo.
d) Motivar a **respiração profunda**: sentar-se em posição confortável, com a planta dos pés no chão, mãos sobre as pernas e olhos fechados, se possível. Respirar profundamente pelo nariz e soltar o ar pela boca. Sugerir a imaginação de uma cena positiva, como um ambiente bonito de natureza, por exemplo. Continuar respirando com tranquilidade, de maneira ritmada.
e) **Oração do coração**: escolha uma palavra ou jaculatória que lhe ajude a rezar, por exemplo: *Eis-me aqui, Senhor!* Repita muitas vezes, conciliando com o ritmo da respiração.
f) **Refrão orante cantado**: *Senhor, chamaste-me, aqui estou!*

 Acesse o *QR Code* para conhecer e ouvir.

2 A preparação do espaço celebrativo

Coisa boa é quando os amigos avisam que vão nos fazer uma visita, não é mesmo? Como nos faz bem abrir as portas de nossas casas para acolher as pessoas que amamos! A casa se enche de alegria e o espírito exulta de felicidade, como na experiência do encontro da raposa com o Principezinho: "Se tu vens, por exemplo, às quatro da tarde, desde as três eu começarei a ser feliz. Quanto mais a hora for chegando, mais eu me sentirei feliz. Às quatro horas, então, estarei inquieto e agitado: descobrirei o preço da felicidade!"[10] Quebra-se a rotina! Certamente a limpeza será mais caprichada e toda a casa ficará mais perfumada. Sem contar o cheirinho dos quitutes que vem lá da cozinha, denunciando o plano ousado da cozinheira de "matar" os convivas de tanto comer!

Coisa boa também é ver a comunidade cristã reunida, preparando a celebração da Missa. Como é importante a rotina do sacristão que, alegre, abre as portas da igreja para aguardar a chegada das pessoas que, uma a uma, vão compondo a assembleia orante, dando visibilidade à Igreja de Cristo peregrina na história! Que beleza ver a equipe da limpeza e da ornamentação, de um lado, arrumando e embelezando o espaço celebrativo, enquanto lá, do outro lado, os cantores passam os cantos mais uma vez! Sem contar a equipe de liturgia que, dialogando com o padre, com zelo e dedicação, finaliza os detalhes daquela celebração!

Nas páginas que se seguem, os elementos que compõem o espaço celebrativo serão descritos de modo a aprofundar a importância e o sentido que cada um deles possui.

2.1 A mesa do altar

Quando você entra em uma Igreja, a primeira coisa que "enche seus olhos" é a mesa do altar? Se a resposta for positiva, tanto a equipe de liturgia de sua comunidade quanto você já estão compreendendo bem o significado simbólico todo especial que tem o altar, para nós, cristãos. "Ele é Cristo", como nos afirma a Igreja. Além de ser o sinal do sacrifício do Cordeiro de Deus para nossa

---

10 SAINT-EXUPÈRY, A. de S. *O pequeno príncipe*. Petrópolis: Vozes, 2016. p. 72.

salvação, a mesa do altar é o lugar da refeição e da ação de graças, em torno da qual a comunidade cristã celebra o mistério da entrega de Cristo por amor a cada um de nós e reforça seus laços de fraternidade. Foi em uma refeição, todos reunidos em torno da mesa, que Jesus instituiu o Sacramento da Eucaristia.

VIVÊNCIA MISTAGÓGICA

Ambiente: *o encontro pode acontecer em uma igreja ou em outro ambiente onde haja uma mesa, uma toalha bonita para cobrir a mesa na hora oportuna, e uma bandeja com pão para repartir com todo o grupo. Em um lugar à parte (não sobre a mesa), uma Bíblia deve ser colocada, sobre um pano colorido. Todos devem ser acomodados em cadeiras, mas fora da mesa.*

a) **Refrão orante:** *Onde reina o amor!*

 Acesse o *QR Code* para conhecer e ouvir.

b) **Acolhida** afetuosa a todos.
c) **Recordação da vida:** recordemos momentos significativos em que a mesa de refeição tenha sido um marco especial: encontros, festas de família, refeições em datas especiais etc. Escolhemos uma delas para partilhar: quando isso aconteceu? Quais as pessoas que estavam lá? Qual a principal razão desse encontro? Como as pessoas se sentiam? Como você se sente ao recordar esse acontecimento? *(Tempo de recordação silenciosa e, depois, partilha de algumas situações).*
d) **Escuta da Palavra**
e) **Proclamação da Palavra:** Lc 22,7-20.
   - *Escuta. Reflexão. Partilha.*
f) **Preparação da mesa:** assim como Jesus pediu que os seus discípulos preparassem a sala e a mesa para um memorável encontro onde o amor seria partilhado, também queremos preparar a mesa para nossa partilha do pão. O que queremos colocar sobre a mesa do amor, para repartimos como irmãos? *(Pedir para os participantes falarem palavras significativas,*

enquanto a bandeja com pão passa de mão em mão...: paz, justiça, bondade... Em seguida, alguns colocam a toalha e todos cantam).

f) **Canto:** *Daqui do meu lugar* (Pe. Zezinho).

 Acesse o QR Code para conhecer e ouvir.

g) **A experiência da mesa:** a mesa é o lugar do encontro, de repartir o pão e a vida com as pessoas que amamos. Deveria ser também o lugar da hospitalidade, sobretudo para com os mais pobres. Sentar-se à mesa é dispor-se à fraternidade e ao amor. Por isso, a mesa da refeição familiar e a grande mesa do altar sinalizam para a presença de Deus. Ao beijarmos e ocuparmos nosso lugar à mesa, que nos comprometamos com um mundo justo e fraterno.

h) **Canto:** *A mesa santa que preparamos.*

 Acesse o QR Code para conhecer e ouvir.

Todos beijam a mesa e tomam o seu lugar.

i) **Oração sobre o pão:** Ó Deus, quisestes que vosso Filho, servo obediente e fiel, desse-nos o exemplo da suprema caridade e permanecesse conosco no Mistério da Santa Eucaristia, abençoai o nosso pão e dai-nos sempre a graça de participar dessa mesa fraterna, para vivermos o amor e o serviço em vossa memória, amando e servindo nossos irmãos e irmãs. Por Cristo, Senhor nosso! Amém! (*Em seguida, todos comem um pedaço do pão*).

O RITO E A BÍBLIA

Algumas referências sobre a mesa e o altar nas Sagradas Escrituras:

- **1Rs 9,25:** Três vezes ao ano Salomão oferecia holocaustos e sacrifícios de comunhão no **altar** que tinha levantado ao Senhor e queimava incenso na presença do Senhor.

- **Sl 43,4:** Então chegarei ao **altar** de Deus, ao Deus da minha festiva alegria; vou louvar-te com a cítara, ó Deus, meu Deus!
- **Mt 5,23-24:** Portanto, se estiveres diante do **altar** para apresentar a tua oferta e ali te lembrares de que teu irmão tem alguma coisa contra ti, deixa tua oferta lá diante do **altar**, vai primeiro reconciliar-te com o teu irmão e então volta para apresentar a tua oferta.
- **Lc 22,14-15:** Ao chegar a hora, Jesus se pôs à **mesa** com os apóstolos e lhes falou: desejei ardentemente comer esta ceia da Páscoa convosco antes de sofrer.
- **At 2,46:** Todos os dias se reuniam, unânimes, no Templo. Partiam o pão nas casas e comiam com alegria e simplicidade de coração.
- **Ap 8,3:** Chegou outro anjo que ficou de pé, junto do **altar**, com um turíbulo de ouro. Deram-lhe grande quantidade de incenso para oferecê-lo, com as orações de todos os santos, no **altar** de ouro que está diante do trono.

O QUE NOS ENSINA A IGREJA

Desde o início do cristianismo, em continuidade simbólica com o Antigo Testamento, o altar foi incorporado ao rito cristão como o lugar do sacrifício. Em testemunhos históricos e da tradição, essa peça litúrgica sempre compôs o espaço celebrativo, embora sua forma e estrutura variasse desde uma mesa comum, em casa de família, até os grandes altares nas catedrais. Até os túmulos dos santos e mártires já foram usados para a celebração da Eucaristia!

Mas também o altar é visto como mesa na qual a refeição fraterna acontece. De acordo com a Instrução Geral do Missal Romano (n. 296): "O altar, onde se torna pre-

> Convém que em toda Igreja exista um altar fixo, o que significa de modo mais claro e permanente Jesus Cristo, Pedra viva (1Pd 2,4; cf. Ef 2,20). O altar ocupe um lugar que seja de fato o centro para onde espontaneamente se volte a atenção de toda a assembleia dos fiéis. Normalmente é fixo e dedicado (IGMR, n. 298, 299).

sente o sacrifício da cruz sob os sinais sacramentais, é também a mesa do Senhor na qual o povo de Deus é convidado a participar por meio da Missa; é ainda o centro da ação de graças que se realiza pela Eucaristia".

A sua dignidade é evidenciada tanto no Rito de Consagração da Igreja quanto em cada celebração eucarística. Observa-se a importância do altar por meio das ações e dos gestos de louvor que lhe são oferecidos na celebração. Antes de ser usado, ele é consagrado pelo bispo com o óleo do Santo Crisma. Na celebração eucarística, o altar recebe uma inclinação profunda quando os ministros entram em procissão, é beijado e incensado pelo presidente da celebração. O autor da Carta aos Hebreus afirma com convicção: "Temos um altar" (Hb 13,10). De todos os elementos e imagens que podem fazer parte de um espaço de celebração, "o altar é o ícone mais santo, pois representa o Cristo"[11].

ORIENTAÇÕES LITÚRGICO-PASTORAIS

- O altar deve ser fixo e de pedra ou outro material digno, para que transmita a ideia da estabilidade do Cristo, centro da ação litúrgica e da vida cristã.
- Nada deve ser colocado sobre o altar, a não ser uma toalha branca, que não o esconda. Ele é o sinal, e não a toalha.
- A ornamentação com flores deve ser sempre moderada e nunca colocada sobre a mesa do altar, mas junto a ela.
- O Evangeliário deve permanecer sobre o altar desde o início da celebração até o canto da aclamação ao Evangelho.
- Velas e castiçais precisam ser colocados preferencialmente ao lado do altar e em número proporcional ao seu tamanho.
- Se já houver no presbitério outra cruz com o crucificado, não se coloca cruz sobre o altar.
- Cuide-se para que nenhum outro objeto seja depositado sobre o altar, a não ser o necessário para o rito eucarístico, conservando-se a reverência e evidenciando-se o seu caráter sagrado e simbólico. Lembre-se: o altar é Cristo!

PARA APROFUNDAR
Instrução Geral do Missal Romano, n. 296-308.

---

11 PASTRO, C. *Arte sacra*: o espaço sagrado hoje. São Paulo: Loyola, 1993. p. 252.

- Nada deve ser colocado à frente da mesa do altar, de modo que permaneça sempre visível à assembleia; ao passar em frente a ele, cabe ao fiel fazer-lhe reverência, inclinando a cabeça com respeito.

2.2 O ambão

Na Missa, costuma-se falar de "duas mesas" das quais a assembleia é convidada a participar: a mesa eucarística, conhecida como mesa do altar, e o ambão, também chamado de mesa da Palavra. O ambão é bem mais do que uma estante. É o lugar apropriado para o anúncio da Palavra de Deus, que ressalta sua dignidade e congrega a assembleia para a sua escuta atenta. Sua disposição no presbitério deve indicar a íntima relação da Palavra com a Eucaristia, seja pelos seus aspectos materiais e estéticos, seja pelo seu uso adequado.

VIVÊNCIA MISTAGÓGICA

Ambiente: *o encontro pode acontecer em uma Igreja ou em outro ambiente onde houver um ambão (ou uma estante). Este deve estar adequadamente ornado com uma bonita toalha ou um pano colorido. As pessoas se posicionam em círculo e o ambão é colocado no centro. Ao seu lado, um castiçal com vela ou uma bonita vela ornamental. À sua frente, em tamanho pequeno, é colocado um vaso natural de flor, durante a celebração.*

a) **Refrão orante:** *Ó luz do Senhor!*

 Acesse o *QR Code* para conhecer e ouvir.

b) **Acolhida** carinhosa a todos.
c) **Abertura**[12] *(cantada)*
- Vem, a nós, ó Pai, em teu imenso amor (bis) És o Senhor da vida! És o libertador! (bis)

---
12 Letra: Vanildo de Paiva. Melodia livre.

- Tua Palavra é luz, brilha na escuridão! (bis) Fala de teu amor, aquece o coração! (bis)
- Sei que estás aqui, bem junto de nós! (bis) Quando a Palavra é lida, ouvimos sua voz! (bis)
- Glória ao Pai e ao Filho e ao Espírito Santo! (bis) Assim como no princípio, agora e sempre! Amém! (bis)

d) **Escuta da Palavra**
- **Canto de escuta:** *A vossa Palavra, Senhor, é sinal de interesse por nós!*

 Acesse o *QR Code* para conhecer e ouvir.

e) **Proclamação da Palavra:** Ne 8,1-12 (*No ambão*)
- *Escuta. Reflexão. Partilha.*

f) **Celebrando a Palavra:** como é bonita essa cena descrita pelo livro de Neemias! Ao retornar do exílio, no desejo e no compromisso de reconstruir tudo, especialmente a vida religiosa, os israelitas fazem questão de partir da escuta atenta e orante da Palavra de Deus. Hoje, também sabemos que a Palavra de Deus é luz em nosso caminho e sempre nos aponta a melhor direção. Esdras, em um ambão, proclamou solenemente a Palavra de Deus, do mesmo modo que hoje, na Liturgia, o rito da Palavra ocupa um lugar muito especial. Deixemo-nos tocar por essa leitura bíblica e a celebremos, alegremente:

A Palavra	Celebrando com os sinais
"O povo se reuniu como um só homem na praça..." (v. 1)	Todos de pé, lado a lado no círculo, **se enlaçam** e cantam: *Onde reina o amor...*
"O sacerdote Esdras levou o Livro da Lei à presença da assembleia..." (v. 2)	Alguém pega a **Bíblia** no ambão e passa à frente de cada participante, enquanto cantam: *Palavra de salvação...*
"Esdras, o escriba, estava de pé sobre um estrado de madeira, ali levantado para esse fim" (v. 4).	A Bíblia é recolocada no ambão. Alguém entra com um **vaso de flor** e o coloca aos pés do ambão.
"Depois se inclinaram, e se prostraram diante do Senhor, com o rosto em terra" (v.6).	Quem puder, se **ajoelha e estende sua mão** na direção da Bíblia, que está no ambão. Quem não puder se ajoelhar, faz uma inclinação profunda.
"A alegria no Senhor é a vossa força" (v. 10).	Todos **aplaudem** a Palavra de Deus.

g) **Oração final:** *Todos rezam juntos ou repetem, com as mãos estendidas para a Bíblia, que está no ambão:*

> Senhor, Verbo de Deus, Palavra eterna que se fez nosso irmão, continuai a falar conosco, de modo especial na sagrada liturgia. Dai-nos a graça da acolhida à vossa Palavra. Que sejamos bons praticantes da vossa Palavra, para que ela produza frutos de amor, verdade e justiça entre nós! **Amém!**

h) **Despedida**
- O Deus do amor, que na plenitude dos tempos nos falou pelo seu Filho, continue nos ensinando o caminho da vida. **Amém!**
- Louvado seja nosso Senhor Jesus Cristo. **Para sempre seja louvado!**

i) **Canto:** *Palavra de salvação* (Pe. Zezinho)

Acesse o *QR Code* para conhecer e ouvir.

O RITO E A BÍBLIA

- **Ne 8,1-12:** Os ouvidos de todo o povo estavam atentos à leitura da Lei. Esdras, o escriba, estava de pé sobre um estrado de madeira, ali levantado para esse fim.

O QUE NOS ENSINA A IGREJA

A Constituição *Sacrosanctum Concilium* é clara ao afirmar que "na liturgia, Deus fala a seu povo e Cristo anuncia o Evangelho" (SC. n. 33). A Palavra de Deus, contida nas Sagradas Escrituras, é reconhecidamente valorizada pela Igreja como um sacramento: "Realmente presente nas espécies do pão e do vinho, Cristo está presente de modo análogo, também na Palavra proclamada na liturgia" (VD, n. 56). Sendo assim, é de fundamental importância que toda a

> Uma atenção especial seja dada ao ambão, enquanto lugar litúrgico donde é proclamada a Palavra de Deus. Deve estar colocado em lugar bem visível, para onde se dirige espontaneamente a atenção dos fiéis durante a Liturgia da Palavra (VD, n. 68).

assembleia possa ouvir atentamente a Palavra, guardá-la em seu coração e praticá-la. Essa importância exige, portanto, que haja uma preocupação da Igreja com o lugar de onde a Palavra deva ser anunciada.

Uma expressão cara ao Concílio vem se fortalecendo ao longo do tempo: mesa da Palavra (cf. DV, n. 21; SC, n. 51; PO, n. 18). Na celebração eucarística, nos reunimos em torno de duas mesas: a da Palavra e a do Pão Eucarístico, nas quais um só alimento, o Cristo Senhor, se oferece a nós como pão da vida. O Concílio demonstrou autêntica preocupação de que a Palavra de Deus fosse servida abundantemente aos fiéis na Sagrada Liturgia (cf. SC, n. 51).

Do mesmo modo que as espécies do pão e do vinho consagrados requerem uma mesa digna para a sua consagração e partilha, a saber, a mesa do altar, assim também o Pão-Palavra é servido à assembleia do ambão. As palavras da oração de bênção de um ambão expressam de maneira muito bela essa realidade, quando dizem:

> Deus de infinita bondade, que chamastes os homens para os libertar das trevas e os admitir no reino da vossa luz admirável, nós vos damos graças porque nunca nos deixais sem o alimento saboroso da vossa palavra e sempre que nos reunimos nesta igreja nos recordais e ensinais as maravilhas da vossa revelação. Nós vos pedimos, Senhor, que neste lugar ressoe sempre aos nossos ouvidos a voz do vosso Filho, de modo que, seguindo fielmente as inspirações do Espírito Santo, não sejamos apenas ouvintes da vossa palavra, mas a ponhamos em prática com diligência. Aqui os mensageiros da vossa palavra nos ensinem os caminhos da vida, pelos quais sigamos generosamente a Cristo nosso Senhor e alcancemos a vida eterna. Por nosso Senhor! Amém![13]

O ambão (palavra de origem grega que significa lugar com degraus para onde se sobe) parece reportar à liturgia judaica, centrada na Palavra e no seu

---

13 SAGRADA CONGREGAÇÃO PARA O CULTO DIVINO. *Ritual de bênçãos*. n. 916. São Paulo: Paulus, 1990.

anúncio solene. Na tradição cristã, testemunhada por mesas da Palavra antigas ricamente esculpidas, o ambão fazia referência direta ao jardim do santo sepulcro, onde a boa-nova da ressurreição de Jesus ecoou pela primeira vez. Assim, cada vez que a Palavra nele é anunciada, especialmente o Evangelho, novamente se proclama à assembleia o Mistério da Morte e Ressurreição do Senhor.

ORIENTAÇÕES LITÚRGICO-PASTORAIS

- Recomenda-se que o ambão seja fixo e estável, assim como a Palavra de Deus é estável.
- Convém que o novo ambão seja abençoado antes de ser destinado ao uso litúrgico.
- Para indicar a unidade das duas mesas e garantir ao ambão a mesma dignidade dada à mesa do altar, convém que eles sejam do mesmo material e beleza artística.
- Não deve haver mais de um ambão no presbitério, conservando-se, assim, seu lugar referencial, ao lado da mesa do altar.
- Do ambão são proferidas leituras, salmo responsorial, homilia, oração da comunidade e precônio pascal.
- Não é conveniente que subam ao ambão outras pessoas, como comentarista, cantor, dirigente do coro etc.
- Não se usa o ambão para avisos, prestação de contas, campanhas de conscientização etc. Para esses fins, deve haver uma estante simples, preferencialmente fora do presbitério.
- É importante que o ambão seja amplo, visto que, em algumas ocasiões, têm que estar nele vários ministros da Palavra.
- O ambão pode ser ornamentado com toalha e flores, mas com o cuidado para que ele não seja totalmente escondido.
- Não se dependura objeto algum no ambão, tais como cartazes ou outros penduricalhos.
- Não há lado específico para se posicionar o ambão no presbitério.
- Não se faz inclinação ou vênia para o ambão, mas para a Palavra que nele está, se for oportuno.

PARA APROFUNDAR
Instrução Geral do Missal Romano, n. 309.
Introdução ao Lecionário, n. 31-34.

2.3 A cadeira presidencial

Você já teve a oportunidade de entrar em uma igreja-catedral? Uma catedral é a igreja-mãe em uma (arqui)diocese, situada na sede, onde está a cátedra; isto é, uma cadeira mais alta na qual se assenta o (arce)bispo, nas celebrações. Nas outras igrejas, há sempre uma cadeira que se destaca no presbitério, chamada cadeira *presidencial* ou *sede*, apropriada para o presidente da ação litúrgica. Na verdade, quem preside a liturgia é Jesus Cristo, sumo e eterno Sacerdote. O bispo, o padre ou mesmo o leigo que preside uma celebração, o faz como "sinal sacramental da presença invisível deste Cristo. Por isso ele preside, ou seja, ele se senta diante de toda a assembleia, como representante do verdadeiro Presidente e Mestre, que é o Senhor Jesus".[14]

VIVÊNCIA MISTAGÓGICA

Ambiente: *o encontro pode acontecer em uma igreja ou em outro ambiente adequadamente preparado. Se possível, colocar as cadeiras em semicírculo. À frente, uma cadeira grande, bem ao centro, a ser ocupada por quem preside a celebração. Uma estante bem ornada (ou ambão) deve ser preparada para a Bíblia.*

a) **Refrão orante:** *O nosso olhar se dirige a Jesus!*

 Acesse o *QR Code* para conhecer e ouvir.

b) **Acolhida:** quem preside saúda os participantes, proporcionando-lhes uma acolhida alegre e afetuosa. Em poucas palavras, os motiva para a vivência.

c) **Canto de escuta:** *A vossa Palavra, Senhor!*

 Acesse o *QR Code* para conhecer e ouvir.

---

14 SILVA, J. A. Quatro elementos fundamentais de um espaço celebrativo para a celebração da Missa. In: CNBB - Conferência Nacional dos Bispos do Brasil. *Liturgia em mutirão*. Brasília: CNBB, 2007. p. 82.

d) **Proclamação da Palavra:** Lc 4,16-30.
- *Silêncio. Meditação. Partilha.*

e) **Orações (espontâneas):** R.: Mestre e Senhor, nosso olhar permaneça em vós!

f) **Pai-nosso**

g) **Canto:** *Mestre.*

Acesse o *QR Code* para conhecer e ouvir.

O RITO E A BÍBLIA

Algumas referências sobre o trono de Deus e sobre a cátedra nas Sagradas Escrituras:

- **Sl 47,9:** Deus reina sobre as nações, Deus assenta-se em seu **trono sagrado**.
- **Sl 93(92),2:** Desde a origem teu **trono** está firme e desde a eternidade tu existes.
- **Is 6,1:** Vi o Senhor sentado em um **trono alto** e elevado.
- **Jr 1,26:** Acima do firmamento que estava sobre as cabeças havia algo parecido com safira, em forma de **trono**, e sobre esta forma de trono, bem no alto, uma figura com aparência humana.
- **Mt 23,2:** Os escribas e os fariseus estão sentados na **cátedra** de Moisés. Portanto, fazei e observai tudo o que eles vos disserem, mas não os imiteis nas ações, porque eles dizem e não fazem.
- **Mt 25,31:** Quando o Filho do homem vier em sua glória com todos os seus anjos, então se assentará em seu **trono** glorioso.
- **Ap 4,2:** No céu havia um **trono**, e no trono estava alguém sentado.
- **Ap 21,3:** Ouvi uma voz forte que saía do **trono** e dizia: "Esta é a tenda de Deus entre os homens. Ele vai morar com eles".

O QUE NOS ENSINA A IGREJA

A reforma litúrgica, empreendida pelo Concílio Vaticano II, seguindo a rica tradição de nossa Igreja, enfatiza três polos celebrativos no espaço do presbitério, sempre em íntima comunhão com o lugar da assembleia, a saber: altar-ambão-cadeira presiden-

PARA APROFUNDAR
Instrução Geral do
Missal Romano,
n. 310.

cial, lugares que expressam a presença de Deus. Desse modo, a cadeira do presidente da celebração não tem uma dimensão apenas funcional, mas sobretudo simbólica, já que ele age na pessoa do Cristo cabeça que, com toda a assembleia, reza ao Pai, no Espírito.

Sabemos que a sinagoga judaica tinha sua centralidade nas Sagradas Escrituras. Havia um lugar de honra, uma espécie de arca para guardar os rolos das Escrituras, um tablado mais elevado de onde se proclamavam os textos bíblicos e uma cadeira, onde o rabino se sentava para explicá-los. Essa cadeira era conhecida como assento ou cátedra de Moisés, isso porque entendia-se que quem nela se assentava tinha o poder de Moisés para interpretar as Escrituras e ensinar.

Jesus é o Mestre por excelência: "Vós me chamais Mestre e Senhor e dizeis bem, porque o sou" (Jo 13,13). Basta um rápido olhar para a sua vida pública para percebermos que ensinar era a sua atividade principal. Em tantos lugares podemos encontrá-lo conversando com as pessoas: nas estradas, na beira do mar, nas casas, nos campos e também no templo e nas sinagogas. Como bom judeu, frequentava as sinagogas aos sábados e, com seu povo, participava da celebração da Palavra. Um registro especial disso podemos encontrar no Evangelho de São Lucas, que nos apresenta Jesus em Nazaré, sua terra, proclamando um texto das Escrituras e o explicando em um rito sinagogal, em um dia de sábado (cf. Lc 4,16-30). É possível que tenha se assentado na cátedra para falar a seus ouvintes (cf. Lc 4,20).

Desde o início do cristianismo se tem evidências, nas igrejas, das representações de Cristo assentado em um trono, como Mestre que ensina. Assim, o bispo e seus colaboradores presbíteros foram assumindo seu ministério ordenado como missão de ensinar e confirmar na fé os seus irmãos, também no contexto celebrativo[15]. Desse modo, uma cadeira em destaque foi se tornando significativa no presbitério como indicativa de um ministério específico, o da presidência ou da coordenação da ação celebrativa.

Cf. SONDA, L. A cadeira da presidência. *Revista de Liturgia*, n. 190, p. 21, jul./ago. 2005.

ORIENTAÇÕES LITÚRGICO-PASTORAIS

- O lugar apropriado para a cadeira presidencial é de frente para o povo, no fundo do presbitério, a não ser que a estrutura da igreja torne distante e difícil a comunicação entre o presidente e a assembleia.
- Em muitos lugares, havendo espaço para isso, a sede pode ficar ao lado do altar, mais próximo ao ambão e/ou à assembleia.
- Nunca colocar a cadeira presidencial em frente ao altar.
- A sede do presidente não deve ser um lugar qualquer, mesmo nas igrejas pequenas, mas deve-se evitar também demasiada sofisticação. "Evite-se toda espécie de trono" (IO, n. 92).
- Devido à sua riqueza simbólica, em harmonia com a mesa do altar e o ambão, é significativo que a cadeira presidencial seja do mesmo material desses outros elementos.
- Da sede, o presidente conduz os Ritos Iniciais e Finais da Missa. Ali também ele pode fazer a homilia, motivar a Profissão de Fé e a Oração dos Fiéis.

> É oportuno que, durante a assembleia dos cristãos, aqueles que são designados como guias sentem-se mais no alto, a fim de que através do sinal da cadeira se distingam dos outros e manifeste claramente a sua função; não para que da cadeira se ensoberbeçam, mas para que reflitam sobre a responsabilidade da qual devem prestar contas.
>
> *Santo Agostinho*[16]

2.4 A cruz

A Missa torna presente o sacrifício da cruz, porque é dele memorial, e aplica seus frutos de salvação em nossa vida (cf. CIgC, n. 1366). Na Eucaristia instituída por Jesus, Ele antecipou, nos sinais do pão e do vinho consagrados, a sua paixão dolorosa e gloriosa ressurreição. Para recordar ao povo celebrante a

---

16 AGOSTINHO apud GIRAUDO, C. Un'assemblea strutturata a partire da suo presidente. *La Vita in Cristo e nella Chiesa*, n. 2, p. 43, fev. 2005.

grandeza do que se celebra e conduzir suas mentes e corações à profundidade do mistério vivido, a liturgia faz da cruz um dos seus sinais mais preciosos e significativos. Além de uma cruz, com a imagem do Crucificado, no presbitério, por várias vezes o sinal da cruz integra os ritos da Missa.

VIVÊNCIA MISTAGÓGICA

Ambiente: *o encontro pode acontecer em uma Igreja ou em outro ambiente devidamente preparado. Se possível, dispor as cadeiras em círculo. Ao centro, preparar um lugar para colocar um crucifixo. Deve haver também um ambão ou uma estante com a Bíblia.*

a) **Refrão orante:** *Deus é amor.*

Acesse o QR Code para conhecer e ouvir.

b) **Canto para entronização do crucifixo:** *Bendita e louvada seja.*

Acesse o QR Code para conhecer e ouvir.

Enquanto se canta, o crucifixo vai passando de mão em mão, até que seja colocado no centro do grupo.

c) **Proclamação da Palavra:** Ef 2,13-20.
- Silêncio. Meditação. Partilha.

d) **Rito da assinalação dos sentidos (cf. RICA, n. 85):** os participantes são convidados a formarem duplas, de modo que se assinalem mutuamente, de acordo com a fórmula recitada pelo presidente:
- **Ouvidos:** receba nos ouvidos o sinal da cruz, para que você ouça a voz do Senhor.
- **Olhos:** receba nos olhos o sinal da cruz, para que você veja a glória de Deus.

- **Boca:** receba na boca o sinal da cruz, para que você responda à Palavra de Deus.
- **Peito:** receba no peito o sinal da cruz, para que Cristo habite pela fé em seu coração.
- **Ombros:** receba nos ombros o sinal da cruz, para que carregue o jugo suave de Cristo.

e) **Canto:** *Eu tenho alguém por mim* (Pe. Zezinho).

 Acesse o QR Code para conhecer e ouvir.

O RITO E A BÍBLIA

Algumas referências sobre a cruz nas Sagradas Escrituras:

- **Lc 9,23:** Se alguém quiser vir após mim, renuncie a si mesmo, tome a sua cruz cada dia e me siga.
- **Jo 19,17-18:** Jesus saiu carregando a **sua cruz** para o lugar chamado Caveira, em hebraico Gólgota. Ali o crucificaram...
- **At 2,23b-24a:** Vós o **crucificastes** e o matastes por mãos dos ímpios. Mas Deus o ressuscitou, livrando-o das angústias da morte.
- **1Cor 11,26:** Pois todas as vezes que comerdes desse pão e beberdes desse cálice, anunciareis a **morte do Senhor**, até que ele venha.

O QUE NOS ENSINA A IGREJA

De todos os sinais presentes na liturgia, com certeza a cruz é um dos mais antigos e que mais tocam a sensibilidade do nosso povo. Ela está presente nas igrejas, nas celebrações dos sacramentos e sacramentais, em nossas casas e até como ornamento em nosso corpo. De modo especial, na Missa, a cruz marca o rito do começo ao fim.

É a cruz que dá início à procissão de entrada. Como o povo que aclamou e seguiu Jesus em sua entrada triunfal em Jerusalém (cf. Lc 19,29-40), representantes da assembleia seguem a cruz em direção ao altar, lugar do sacrifício pascal.

O sinal da cruz, logo no começo da celebração, é ato litúrgico que constitui a assembleia como um só corpo, na unidade do Deus-comunhão.

> Por isso, proclamando que quem nos reúne é a Trindade santa, nós tocamos o nosso corpo em forma de cruz. Esse "toque" tem um sentido simbólico e espiritual profundo. Por ele, no fundo, testemunhamos que, pelo mistério pascal (cruz e ressurreição) fomos (e somos!) "tocados" pelo amor da Trindade[17].

Entre as sagradas imagens, ocupa o primeiro lugar a representação da cruz preciosa e vivificante, que é o símbolo de todo o Mistério Pascal.
Para o povo cristão, nenhuma outra imagem é mais querida, nenhuma é mais antiga
(CB, n. 960).

Antes da proclamação do Evangelho, novamente tocamos nosso corpo – testa, boca e peito – com o sinal da cruz, pedindo a Deus que nos dê sabedoria para ouvir, interiorizar e proclamar, com amor e fidelidade, a Palavra anunciada por Jesus. Durante a Prece Eucarística, o presidente da celebração traça o sinal da cruz sobre o pão e o vinho, invocando o Espírito Santo para que os transforme em corpo e sangue do Senhor.

Ao final da celebração, a assembleia é abençoada por Deus, por meio do gesto do padre, que traça sobre todos o sinal da cruz. A partir daquele momento, cabe a cada pessoa que celebrou a Missa tomar a sua cruz de cada dia com a mesma coragem de Jesus, que, por amor, fez dela o instrumento de salvação de toda a humanidade.

ORIENTAÇÕES LITÚRGICO-PASTORAIS

- No presbitério deve haver, perto do altar ou sobre ele, uma cruz com a imagem do Cristo crucificado, não somente durante a celebração litúrgica, mas também fora dela.

SILVA, J. A. O sinal da cruz no início da liturgia. In: CNBB - Conferência Nacional dos Bispos do Brasil. *Liturgia em mutirão*. Brasília: CNBB, 2007. p. 93.

- É preciso cuidar para que não haja duplicação do sinal. Se já houver uma cruz com o Crucificado no presbitério, a cruz processional deve ser guardada em local adequado e não ser colocada sobre o altar. Em não havendo outra, a cruz que foi trazida na procissão de entrada se torna a cruz do altar, "que deve ser uma só" (IGMR, n. 122).

> **PARA APROFUNDAR**
> Instrução Geral do Missal Romano, n. 117, 122-123, 144, 308.

- Quando se usa incenso, a cruz é incensada no início, juntamente com o altar, e durante a preparação dos dons, quando são incensadas as oferendas e a mesa do altar.

2.5 A vela

De todos os símbolos, a luz talvez seja o mais comum, presente em quase todas as religiões e ambientes. No cristianismo, as velas se encontram nas celebrações dos sacramentos e sacramentais, bem como nas casas dos cristãos católicos como elemento essencial para os momentos de orações familiares ou pessoais. Na continuidade das fogueiras, tochas e lamparinas, as velas são revestidas de inúmeros significados, dependendo do contexto em que são usadas e da experiência espiritual de quem as utiliza. Uma vela pode evocar experiências de grande importância para o cristianismo: dom da fé, presença do Ressuscitado, vida nova, doação e entrega da vida, luz do Espírito Santo, graça de Deus, batismo etc.

VIVÊNCIA MISTAGÓGICA

Ambiente: *o encontro pode acontecer em uma igreja ou em outro ambiente devidamente preparado. Se possível, dispor as cadeiras em círculo. Ao centro, preparar um lugar para colocar o Círio Pascal ou uma grande vela. Providenciar velinhas para todos. Deve haver também um ambão ou uma estante com a Bíblia.*

a) **Refrão orante:** *Ó luz do Senhor!*

 Acesse o *QR Code* para conhecer e ouvir.

Durante o canto, alguém entroniza solenemente o Círio Pascal. Se possível, o ambiente deve estar na penumbra.

b) **A luz no dia a dia:** quem preside, motiva o grupo a recordar as várias utilidades e os sentidos da luz no cotidiano (iluminar, aquecer, vida, direção, preparar a refeição etc.). De vez em quando, pode-se cantar novamente o refrão entoado acima.

c) **Proclamação da Palavra:** Ef 5,8-14.
   - *Silêncio. Meditação. Partilha.*

d) **A experiência do sinal:** os participantes são motivados a fazerem preces de súplica ao Senhor, partindo dos vários sentidos que a luz tem na vida cristã (fé, ressurreição, Espírito Santo etc.). Quem reza, acende sua velinha no Círio.
   - Após cada oração, cantar somente o refrão da música: *Luz radiante*. Ao final, cantar a música inteira.

 Acesse o *QR Code* para conhecer e ouvir.

e) **Oração final** (todos repetem): Senhor Jesus Cristo, luz da vida e do amor, pelo batismo fizeste de nós um povo iluminado e enviado a levar ao mundo a tua luz. Dá-nos a graça de vencer sempre a escuridão do egoísmo, da indiferença e do desamor. Assim, anteciparemos teu Reino, ó luz que não tem ocaso. Amém!

f) **Despedida**

g) **Canto final:** *Luz de Deus* (Pe. João Carlos).

 Acesse o *QR Code* para conhecer e ouvir.

O RITO E A BÍBLIA

Algumas referências sobre o fogo e a luz nas Sagradas Escrituras:

- **Gn 1,3:** Deus disse: "Faça-se **a luz**". E a luz se fez.
- **Ex 13,21:** O Senhor os precedia, de dia, numa coluna de nuvens, para lhes mostrar o caminho; de noite, numa coluna de fogo para iluminar, a fim de que pudessem andar de dia e de noite.
- **Sl 4,7:** Há muitos que dizem: "Quem nos dera ver a felicidade! Senhor, levanta sobre nós a **luz de tua face!**"
- **Sl 18,29:** És tu que acendes minha **lâmpada** e iluminas minhas trevas, ó Senhor, meu Deus.
- **Sl 27,1:** O Senhor é **minha luz e minha salvação**: a quem temerei?
- **Mt 5,14-15: Vós sois a luz** do mundo. Não é possível esconder uma cidade situada sobre um monte, nem se acende uma lamparina para se pôr debaixo de uma vasilha, mas num candelabro, para que ilumine todos os da casa.
- **Jo 1,5:** A **luz brilha** nas trevas, mas as trevas não a compreenderam.
- **Ef 5,8:** Antigamente éreis trevas, mas agora **sois luz** no Senhor.
- **Jo 8,12: Eu sou a luz** do mundo. Quem me segue não andará nas trevas, mas terá a luz da vida.
- **Ap 21,23:** A cidade não precisa nem de sol nem de lua para ficar iluminada. Pois a glória de Deus a ilumina, e a **sua Luz é o Cordeiro**.

O QUE NOS ENSINA A IGREJA

Sabemos que onde não há luz a existência da vida está ameaçada. Mesmo uma planta que não pode ficar sempre exposta ao sol necessita de um pouco de luz. Os profissionais de saúde não cansam de nos alertar para a importância de tomarmos o sol da manhã, fonte de vida e saúde para todos. Em tempos de muito frio ou chuvas, quando o sol está escondido pelas nuvens, temos que cuidar ainda mais da casa e dos nossos pertences, pois sem o sol eles podem embolorar e estragar.

> Considerando que Cristo é a luz verdadeira sem vestígio algum de falsidade, compreendemos que também a nossa vida deve estar iluminada pelos raios da verdadeira luz. Os raios do sol de justiça são as virtudes que dele irradiam e nos iluminam para abandonarmos as obras das trevas e caminharmos dignamente como em pleno dia (São Gregório de Nissa).

A luz está muito ligada à ideia da vida e da festa. A vela acesa é praticamente indispensável no bolo do aniversariante ou dos noivos. Mesmo durante uma comemoração, em meio às danças e aos comes e bebes, é costume das pessoas acenderem luzes e velas como indicativo da sua alegria.

Na vida cristã, o simbolismo da luz é muito forte, a começar pela metáfora aplicada ao próprio Deus. As três Pessoas divinas são comparadas à luz: Deus Pai é luz criadora, fonte e origem de toda vida. Jesus Cristo se declarou a "luz do mundo" (cf. Jo 8,12) e é chamado pelos cristãos de Sol que não tem ocaso, referindo-se, sobretudo, ao mistério da sua ressurreição gloriosa. O Espírito Santo, ao manifestar-se aos homens em forma de "línguas de fogo" (cf. At 2,3), também é chamado de Espírito de luz.

O dom da fé é comparado à luz. Chama acesa no batismo, ritualmente simbolizada pela vela acesa no Círio Pascal, deve ser cuidado com zelo e amor pelo cristão durante toda a vida, para que sempre cresça. No último momento da caminhada humana, com a experiência da morte, ali a vela ainda estará a iluminar a travessia até ao Reino definitivo. Daí o costume antigo de se colocar uma vela na mão do agonizante e de se acender muitas velas nas exéquias. Mesmo a ideia de velório (que vem de vela), traz o sentido de aguardar com vigilância a chegada do Esposo, com velas acesas (cf. Mt 15,1-13).

O simbolismo da luz remete também ao testemunho cristão. Como disse São Gregório de Nissa, "nossa vida deve estar iluminada pelos raios da verdadeira luz"[18]. O cristão é enviado ao mundo como luz, para que sua ação seja transformadora das realidades, levando o clarão das virtudes cristãs a todos os ambientes onde haja escuridão e sombras. Como a lua, que reflete

---

18 GREGÓRIO DE NISSA. A perfeição da vida cristã. *In*: SECRETARIADO NACIONAL DE LITURGIA. *Antologia litúrgica – Textos litúrgicos, patrísticos e canônicos do primeiro milênio*, 2015, n. 1984e.

sempre a luz do sol, também o cristão deixa transparecer, com suas atitudes, a luz amorosa e verdadeira que vem da sua experiência de Deus.

Nas expressões simbólicas, tanto nas celebrações sacramentais quanto na prática espiritual cotidiana, a luz sempre está presente. Basta lembrarmos das velas nos altares, do solene Círio Pascal que brilha em nossos presbitérios ou batistérios, da majestosa fogueira acesa na Vigília Pascal, da luz na capela do Santíssimo, das brasas acesas para o oferecimento do incenso etc. E quem é que não tem em casa uma vela ou lamparina para compor seus momentos orantes? Ela é acesa na hora da leitura orante da Bíblia, na reza do terço ou no momento devocional ao santo preferido. Ela também acompanha os passos dos fiéis nas procissões etc.

ORIENTAÇÕES LITÚRGICO-PASTORAIS

- O Círio Pascal, sinal que indica a presença do Ressuscitado na vida de seu povo, é preparado e aceso na Vigília Pascal, com a chama retirada da fogueira, o fogo novo abençoado. Dele se acendem as velas de todo o povo que, em caminhada, segue até a igreja, onde o Círio é solenemente entronizado e incensado. Ele é aceso durante todo o Tempo Pascal e, depois, colocado no batistério e aceso em todos os batizados durante o ano. O Ritual das Exéquias (n. 38) sugere que o Círio seja aceso e colocado diante da cabeça do defunto durante o rito do funeral, indicando que a Páscoa acontece especialmente para quem parte ao encontro definitivo do Pai. É significativo, também, acender o Círio em algumas solenidades do Senhor, como no Natal, acenando para a unidade do Mistério Pascal. Para que conserve a riqueza de seu simbolismo, o Círio deve ser novo a cada Vigília Pascal, trazendo o sinal da cruz com os cinco cravos (cinco chagas) e com o ano litúrgico em curso. Se assim não for, ao menos altere-se a data que está inscrita nele.
- A Instrução Geral do Missal Romano recomenda que dois castiçais acesos sejam colocados no altar, preferencialmente ao lado dele. Em ocasiões solenes, podem-se colocar mais de

PARA APROFUNDAR
Instrução Geral do Missal Romano, n. 117, 120, 122, 175, 307.

dois, se o tamanho da mesa comportar. Busque-se um conjunto harmonioso, cuidando para que não impeçam os fiéis de verem o que se realiza sobre o altar. Essas velas podem ser trazidas na procissão de entrada.

- Também ao lado da mesa da Palavra podem-se colocar velas acesas.
- Em ocasiões solenes, outros lugares do presbitério podem ser ornados de velas.
- Para a Vigília Pascal, providenciar velas para toda a assembleia.
- As velas devem ser sempre naturais e verdadeiras, para que comuniquem a verdade do sinal: consumir e gerar luz, como Cristo, como o cristão. Simulações de velas (como as "velas" eletrônicas) comprometem esse sentido.
- Cuide-se para que as velas sejam bonitas e com chama bem visível. Sendo um sinal tão significativo no contexto cristão, velas gastas por demais e sem brilho tiram a força do sinal.
- Quando da procissão com o Evangeliário, da mesa do altar para o ambão, em dias solenes, pode ele ser precedido por pessoas levando incenso e velas acesas.

2.6 Outros elementos importantes

Preparar uma festa exige prestar atenção em muitos detalhes importantes. Assim como em um belo vitral cada pedacinho de vidro colorido faz diferença, também na celebração litúrgica, cada elemento ou aspecto bem preparado colabora para que os fiéis experimentem, do modo mais intenso, sua ação mistagógica. O que se espera não é apenas uma bonita celebração, mas que favoreça o aprofundamento da espiritualidade e da oração da assembleia. São expressões significativas do povo orante, gestos e elementos que falam por si e levam as pessoas também a falar com Deus e entre si. Além dos elementos já destacados, podemos ainda citar:

a) A ornamentação

A via da beleza é um dos caminhos mais convidativos para o encontro com Deus, que é beleza em sua plenitude. Ao criar o mundo e todas as criaturas, em tudo deixou reflexos de sua beleza e de sua perfeição. Por meio da beleza das coisas, pode-se chegar ao Criador. Por isso mesmo, o espaço celebrativo, em todas as suas dimensões, precisa concorrer para a expressão do Mistério celebrado, como nos alerta a Constituição *Sacrosanctum Concilium*: "Por sua natureza [a arte sacra] está voltada para a manifestação da beleza divina em formas humanas, para o louvor e a glória de Deus, não tendo senão o objetivo de orientar piedosamente para a Deus e para a mente humana e contribuir para sua conversão" (SC, n. 122).

Espera-se que a harmonia de tudo que compõe o espaço celebrativo favoreça a experiência da presença de Deus: as formas arquitetônicas da construção; a iconografia (conjunto das pinturas de figuras sagradas); a disposição dos elementos do presbitério; o lugar da assembleia; as imagens; as toalhas, vestes e alfaias (material usado para a celebração, por exemplo: corporal, sanguíneo, toalhinha de enxugar a mão etc.); os arranjos de flores etc.

O critério da "nobre simplicidade" apontado pelo Concílio (cf. SC, n. 34) é fundamental também quando falamos da decoração do ambiente para a celebração da Missa. Observando nossas igrejas, vê-se de tudo: desde arranjos com flores de grande beleza e bom gosto até decorações suntuosas, mas exageradas, que ofuscam outros elementos essenciais, quando não as tradicionais flores artificiais, que se contrapõem à ideia do louvor da natureza ao Senhor da vida! Há gente que confunde beleza com luxo e esnobismo, ignorando a orientação da Igreja: "Ao promover e favorecer a arte sacra, as autoridades locais devem visar à beleza nobre, mais do que à suntuosidade" (SC, n. 124). Um exemplo claro disso está no quanto se gasta e se exagera nos arranjos para casamentos.

No que se refere às ornamentações com flores, a Instrução Geral do Missal Romano, conforme se pode conferir em seu n. 305, recomenda moderação, que os arranjos não sejam colocados sobre o altar e que se observe o tempo litúrgico: moderação no Advento e reserva total de flores na Quaresma, com atenção às exceções prescritas pelo calendário. E, como já apontamos acima, nunca se usem flores artificiais. Uma dica importante é que a comunidade cultive seus vasos de flores e optem por flores mais duradouras.

b) Os livros litúrgicos

Cuidados especiais também devem ser dispensados aos livros litúrgicos, especialmente o Evangeliário e o Lecionário, usados para a proclamação da

Palavra de Deus, e também o Missal e outros rituais. A Igreja sempre demostrou especial cuidado e veneração pelo Evangeliário, livro que contém os textos bíblicos dos Evangelhos para os domingos. Ele pode ser entronizado na procissão de entrada e permanecer sobre a mesa do altar até o momento da aclamação ao Evangelho, quando será levado em procissão até o ambão, onde o Pão da Palavra de Jesus será servido aos fiéis. Também os Lecionários devem ser guardados em lugares distintos e colocados desde o início da Missa no ambão, de onde as leituras e o salmo são anunciados. De acordo com a Instrução Geral do Missal Romano, "sejam na ação litúrgica realmente sinais e símbolos das realidades celestes, e, por conseguinte, verdadeiramente dignos, artísticos e belos" (IGMR, n. 349).

O Missal é conhecido também como livro do altar e contém os formulários para toda a celebração da Missa, desde a saudação inicial feita pelo presidente até a despedida da assembleia. Não pode ser visto apenas como um livro de rubricas e normas para o rito da Missa, mas como a própria Palavra de Deus que se faz oração e louvor ao Pai em cada uma de suas páginas. Apropriar-se do Missal significa imbuir-se do espírito necessário para o encontro orante com Deus, com toda a assembleia ali presente, a qual o presidente também conduz à oração. No Missal, encontram-se uma variedade de orações para as partes da Missa, inúmeros prefácios e preces eucarísticas, formulários para as Missas dos santos, bênçãos etc. Pela sua importância, deve ser guardado sempre em lugar digno e manuseado pelo padre ou outras pessoas preparadas para tal função.

CAPÍTULO III

Assembleia congregada na fé e no amor

Ritos Iniciais

I – INTRODUÇÃO

Não é possível fazer festa sem um bom motivo, sem pessoas que se querem bem e sem os comes e bebes, não é mesmo? O bom motivo pode ser a comemoração da vida, alguma conquista, uma boa novidade ou mesmo a alegria da amizade. Como é bom encontrar as pessoas que amamos e passar com elas bons momentos! As festas nos revigoram, renovam nossas forças para enfrentarmos a rotina pesada da vida. Elas criam intervalos e nos colocam em uma outra dimensão, diferente daquela cotidiana, sem nos alienar da vida, mas libertando-nos do seu peso demasiado. Saímos do esquema da pressa e da ansiedade para o delicioso ócio do encontro, sem sacrifícios ao relógio e ao tempo cronometrado, que nos sufoca ou nos devora. Vivemos sujeitos às agendas, aos compromissos com hora marcada, escravos do cronológico. A festa nos salva dessa escravidão e nos coloca em um outro jeito de lidar com o tempo, com muito mais leveza. Não é à toa que costumamos dizer: "nem vi o tempo passar ...".

Na festa, o que conta não é produzir para comprar nem comprar para descartar. É conviver. Nela, gesta-se o novo dia no lúdico, na intuição, na livre imaginação, na sensibilidade, na música, na dança, no estar juntos. Admitamos: até no exagero! A festa nos permite sonhar e recriar um mundo de fartura, no qual todos deveriam ter mais do que o suficiente para viver. Mas não somente há exagero nas comidas. Também as pessoas se soltam mais, pois a festa quebra o controle rígido que têm sobre si mesmas e elas se permitem ser quem são, na experiência da liberdade e da gratuidade, principalmente com a ajuda de um bom vinho.

Se a festa for em nossa casa, quantas coisas temos que preparar, mas que alegria poder receber em nosso cantinho de afeto aqueles que nos fazem tanto bem! Nós nos desdobramos para que nada falte. Limpamos e enfeitamos a casa, pois a beleza do que oferecemos é uma maneira especial de falar do amor que sentimos. E quando chega o momento, as portas da casa se abrem para acolher aqueles que já moram nos nossos corações!

II – REUNIR OS IRMÃOS PARA A FESTA EUCARÍSTICA

Na Missa, sabemos que temos sempre um bom motivo para nos reunir na igreja e como Igreja para a celebração: o Mistério Pascal de Jesus Cristo – sua pessoa, Morte-Ressurreição-Glorificação e a esperança de sua vinda gloriosa um dia. Nele, com Ele e por Ele, glorificamos o Pai, na força do Espírito que reza em nós. Nossa vida é unida à do Senhor, para apresentarmos um culto de amor e de vida. Assim, mesmo que haja razões concretas da vida para motivar nossas Missas – como rezar por alguém que está fazendo aniversário ou sua formatura –, sempre essas motivações estão em total comunhão com o Mistério Pascal, centro de nossa vida e de nossa oração.

Retomando a metáfora da casa para falarmos da Missa, podemos pensar em uma bonita varanda, florida e perfumada, para representar esse primeiro momento de acolhida daqueles que atenderam ao convite do Senhor para o banquete da vida: "Vinde, já está tudo preparado" (Lc 14,17). Portões, portas e corações abertos, o povo-Igreja (*ekklesía* = convocação), respondendo ao chamado de Deus, vai se congregando como a assembleia orante para a celebração da Eucaristia. "Todos se reúnem. Os cristãos acorrem a um mesmo lugar para a assembleia eucarística. Encabeçados pelo próprio Cristo, que é o protagonista principal da Eucaristia. Ele é o sumo sacerdote da Nova Aliança" (CIgC, n. 1348).

Passar pela porta do templo não é um ato banal, ainda que façamos isso quase que de maneira desapercebida. A porta, na igreja, tem a função de preparar a entrada e marcar a passagem de uma realidade para outra. Ela representa Cristo (a Porta), que nos acolhe em seu mistério amoroso, faz morada em nós pela Eucaristia e, conosco/em nós, vai ao encontro dos demais anunciar a salvação. Ele mesmo havia dito: "Eu sou a porta das ovelhas [...]. Quem entrar por mim será salvo. Entrará e sairá e encontrará passagem" (Jo 10,7.9).

Os chamados Ritos Iniciais da Missa compreendem: a procissão de entrada com o canto de abertura, a saudação inicial feita pelo presidente da celebração, a recordação da vida (opcional), o ato penitencial, o canto do Hino de Louvor (Glória) aos domingos e dias festivos, e a oração da coleta. Eles existem para formar a assembleia celebrante.

> Quem celebra é a Igreja. Batizados deixam suas casas para celebrar Cristo na sua vida e sua vida em Cristo. Reunir-se é tornar visível a Igreja, visibilizar a comunhão profunda que nos une para além de nossas diferenças: "A multidão dos crentes tinha um só coração e uma só alma" (At 5,32). Esta é a meta dos Ritos Iniciais.[19]

---

19 TRUDEL, J. Ato de reunir: os Ritos Iniciais. In: CNBB - Conferência Nacional dos Bispos do Brasil. *Liturgia em Mutirão*, 2007. p. 74.

A Missa é um ato essencialmente comunitário. É o culto prestado ao Deus da vida pelo seu povo que caminha, luta e procura fazer sempre a sua vontade. Não existe celebração sem o povo congregado em assembleia para a oração. Até mesmo no caso mais raro de Missa com apenas o padre, sem uma assembleia maior, a Igreja prevê a participação de um ministro que acompanha o presidente e o serve durante a celebração (cf. IGMR, n. 252-272), o que lhe dá um caráter comunitário. Pode-se falar, então, da assembleia como um sacramento, sinal da presença de Deus e da Igreja que está lá onde o povo de Deus está reunido. Ela é o primeiro ato litúrgico: "A liturgia não inicia nem com o canto de entrada nem muito menos com o sinal da cruz, mas com o ato de Deus de convocar a si mesmo o seu povo e o ato do povo que responde à chamada, reunindo-se em assembleia"[20].

> A finalidade dos ritos é fazer com que os fiéis, reunindo-se em assembleia, constituam uma comunhão e se disponham para ouvir atentamente a Palavra de Deus e celebrar dignamente a Eucaristia (IGMR, n. 46).

Você já percebeu que as orações da Missa, de modo geral, são realizadas usando o "nós"? E quando se usa o "eu", a liturgia não o faz de modo intimista, individualista, mas entende nesse "eu" a própria Igreja que se dirige ao Pai, o povo congregado como se fosse uma única pessoa (cf. Ne 8,1). Há sempre espaço para a subjetividade, mas não para o subjetivismo! Em tempos de tanto individualismo e relativismo, é preciso que cuidemos muito desse aspecto, para que nossas assembleias não se fragmentem, cada participante fazendo o que quer, do jeito que quer e a hora que quer, rompendo a unidade dos corações, dos gestos e das vozes, o que põe em risco também a própria comunhão da família de Deus em oração.

1 A procissão de entrada

Tudo na liturgia é carregado de sentido. Ninguém se assenta só porque está cansado, ou caminha pela simples necessidade de dar passos. A liturgia, ao longo do tempo, foi definindo gestos e posições do corpo muito significativos,

---

20 BOSELLI, G. *O sentido espiritual da liturgia*. Brasília: CNBB, 2014. p. 106. (Coleção Vida e Liturgia da Igreja, v. 1)

que estão intimamente ligados ao momento celebrado e a seu sentido. Se é verdade que o corpo "fala", também podemos dizer que é todo o corpo que reza, e não apenas a mente ou o espírito da pessoa.

> A ação celebrativa se realiza com os pés e as mãos, com os olhos e os ouvidos, com a boca e o nariz... As pessoas cantam e dançam, falam e escutam, ficam de pé, caminham e se sentam, comem e bebem, aspiram, ungem e são ungidas, saúdam e se abraçam... A ação corporal é central na liturgia. O corpo é o primeiro e o maior dos símbolos. Sem ele, não há ação celebrativa.[21]

O primeiro gesto significativo da Missa é a procissão de entrada, da qual participam representantes da assembleia, a equipe de celebração, presidida pelo sacerdote.

VIVÊNCIA MISTAGÓGICA

Ambiente: *o encontro pode acontecer em uma igreja ou em outro ambiente devidamente preparado. Se possível, dispor as cadeiras em círculo. Ao centro, preparar um lugar para colocar a cruz e outro para a Bíblia. A vivência começa fora do lugar preparado para o encontro.*

a) **Refrão orante:** *Onde reina o amor.*

 Acesse o *QR Code* para conhecer e ouvir.

Durante o canto, a cruz, com o Crucificado, pode passar de mão em mão.
b) **Saudação** e acolhida fraterna a todos.
c) **Procissão:** quem preside motiva a procissão, convidando todos a caminharem para o local do encontro, do mesmo modo que, no dia a dia, seguimos

---

21 POUILLY, A.; TRUDEL, J. Expressão da corporeidade na celebração. *In:* CELAM - Consejo Episcopal Latinoamericano y Caribeño. *A celebração do Mistério Pascal.* São Paulo: Paulus, 2005. p. 310.

sempre os passos de Jesus. À frente, alguém levará a cruz. Logo em seguida, todos seguem, cantando.

Canto para a procissão: *Ó Pai, somos nós o povo eleito!*

 Acesse o QR Code para conhecer e ouvir.

d) **Proclamação da Palavra:** Lc 19,29-40 (entrada de Jesus em Jerusalém).

e) **Refletindo a Palavra:**
- O grupo reconta, com suas palavras, o texto ouvido.
- Para onde Jesus se direcionava? Como seriam seus próximos dias, em Jerusalém?
- Quem eram as pessoas que o seguiam e o aclamavam? Quais seus sentimentos?
- Quando seguíamos a cruz de Jesus hoje, na procissão, o que sentimos?
- Na sua opinião, qual o sentido daquela procissão no início da Missa?

f) **Salmo 122(121)**
- **Ref.: Alegrei-me quando me disseram: vamos à casa do Senhor!**
- **Leitor 1:** Alegrei-me quando me disseram: "vamos à casa do Senhor!" Nossos pés pararam às tuas portas, Jerusalém.
- **Leitor 2:** Jerusalém está construída como cidade, um conjunto bem ajustado. Para lá sobem as tribos, as tribos do Senhor, segundo as leis de Israel, para louvar o nome do Senhor.
- **Leitor 1:** Porque lá foram estabelecidas a sede da justiça e a sede da casa de Davi. Rogai pela paz de Jerusalém: "Que vivam tranquilos os que te amam"! Que a paz reine dentro de tuas muralhas, a tranquilidade em teus palácios!"
- **Leitor 2:** Por causa de meus irmãos e companheiros direi: "A paz esteja contigo!" Por causa do Senhor nosso Deus, buscarei o teu bem.

g) **Canto final:** *Te amarei, Senhor!*

 Acesse o QR Code para conhecer e ouvir.

O RITO E A BÍBLIA

Algumas referências sobre as procissões e entrada no templo na Sagrada Escritura:

- **Js 6,11-13:** A arca do Senhor rodeou a cidade, contornando-a uma vez. Depois, voltaram ao acampamento e ali pernoitaram. Josué levantou-se de madrugada, e os sacerdotes levaram a arca do Senhor. Os sete sacerdotes que levaram as sete trombetas de chifre de carneiro estavam na frente da arca do Senhor, andando e tocando as trombetas. Quem estava armado ia na frente, e a retaguarda seguia atrás da arca do Senhor. Marchavam e tocavam as trombetas.
- **Sl 42,5:** Para desabafo de minha alma, recordo outros tempos, quando andava entre a multidão, peregrinando à casa de Deus, entre gritos de alegria e de louvor da multidão em festa.
- **Sl 43,4:** Então chegarei ao altar de Deus, ao Deus da minha festiva alegria. Vou louvar-te com a cítara, ó Deus, meu Deus.
- **Mt 21,9:** A multidão que ia na frente e a multidão que seguia atrás gritavam: "Hosana ao Filho de Davi. Bendito quem vem em nome do Senhor, hosana nas alturas!"
- **At 3,8:** Entrou com eles no Templo, caminhando, saltando e louvando a Deus.
- **Ap 7,13-14:** Então um dos anciãos me perguntou: "Estes que usam vestes brancas, quem são e de onde vieram?" Eu lhes respondi: "Meu Senhor, tu é que sabes". E ele me falou: "Estes são aqueles que vêm da grande tribulação, lavaram as vestes e as alvejaram no sangue do Cordeiro. Por isso estão diante do trono de Deus e o servem dia e noite em seu templo".

O QUE NOS ENSINA A IGREJA

As procissões são muito queridas pelo nosso povo brasileiro. Basta lembrar aqui as procissões em honra dos santos padroeiros de nossas comunidades, as romarias a Aparecida ou as procissões com multidões em louvor a Nossa Senhora da Penha ou ao Círio de Nazaré. São expressões populares devocionais que significam muito para nossa gente, pois simbolizam as duras, mas frutuosas, caminhadas do dia a dia, sempre feitas com fé, luta e esperança. Os rastros vão ficando no caminho, marcando a história cumprida passo a passo, muitas vezes como uma via crucis que desemboca nas experiências de ressurreição e vida nova. E Jesus e seus mais fiéis seguidores – os santos – sempre vão à frente como guias e testemunhas.

> Somos corpo e espírito, e experimentamos a necessidade de traduzir exteriormente nossos sentimentos. É necessário rezar com todo o nosso ser para dar à nossa súplica todo o poder possível (CIgC, n. 2702).

A liturgia também incorporou aos seus ritos as procissões. Ao menos três delas estão presentes em nossas Missas cotidianas: a procissão de entrada, da Apresentação das Oferendas e da comunhão, todas elas ao som dos cantos processionais, entoados pela assembleia. Não são momentos apenas funcionais dentro da ritualidade, mas carregados de sentido.

A palavra "procissão" vem do verbo latino *procedere*, que significa ir para a frente, avançar. E é justamente isso que nós vivenciamos na procissão de entrada da Missa ou de outros momentos celebrativos. A equipe de celebração caminha na direção do presbitério, tendo à frente a cruz com a imagem do crucificado, enquanto se entoa o canto de entrada. Essa procissão não acontece somente porque o presidente da celebração precisa entrar para começar a Missa. Há todo um simbolismo que precisa ser conhecido não apenas pelos que animam a ação litúrgica, mas por todo o povo que celebra. O que se quer significar com esse rito é a Igreja peregrina, povo de Deus em marcha, que caminha com Cristo rumo à Pátria definitiva. São os cristãos, os "que lavaram suas vestes no sangue do Cordeiro" (Ap 7,14), que se apresentam diante do altar do Cordeiro para celebrar o único sacrifício redentor, do qual a Missa é memorial.

Como naquele solene domingo de ramos em Jerusalém, quando Jesus entra na cidade na qual mais tarde seria condenado à morte que redimiria toda a humanidade, em cada Missa nós o proclamamos como o "bendito que vem!" (cf. Mt 21,9) e nos dispomos a segui-lo. Sim, todo o povo toma parte desse gesto de seguir Jesus nessa procissão, mesmo que esteja no seu lugar na assembleia! Cantando e acompanhando a procissão com olhar acolhedor, todos são representados por aqueles irmãos que compõem a procissão de entrada.

ORIENTAÇÕES LITÚRGICO-PASTORAIS

A procissão de entrada **deve ser feita sempre que possível**, para que evidencie sua rica simbologia. Observe-se a seguinte ordem:

- Turiferário com o turíbulo aceso.
- Cruz processional, ladeada por dois ministros com velas acesas.
- Acólitos e outros ministros.
- Diácono ou leitor conduzindo o Evangeliário um pouco elevado.
- Demais padres concelebrantes.
- O presidente da celebração.
- "Outras circunstâncias poderão sugerir **novos elementos**, como o Círio Pascal, água benta, bandeira do padroeiro numa festa de santo, ramos, cartazes com dizeres, participação de representantes da comunidade (adultos, jovens e crianças)" (Doc.43 da CNBB, n. 240).

> **PARA APROFUNDAR**
> Instrução Geral do Missal Romano, n. 47-48, 120-123.

- O canto de entrada precisa ser escolhido com muito critério, pois ele dá o "tom" de toda celebração. Não pode ser qualquer canto, mas aquele cuja letra esteja em perfeita sintonia com o fio condutor da celebração, especialmente com as leituras e o Evangelho. Deve ser sempre alegre. Por ser processional, ele acaba quando o presidente da celebração chega à cadeira presidencial. "A finalidade desse canto [de entrada] é abrir a celebração, promover a união da assembleia, introduzir no mistério do tempo litúrgico ou da festa e acompanhar a procissão dos sacerdotes e ministros" (IGMR, n. 47).
- É bom lembrar que os cantos da Missa, o que vale para o canto de abertura, **não acompanham meses temáticos** (mês de Maria, mês vocacional, mês missionário etc.) e nem novenas dos padroeiros, mas se harmonizam com o tempo litúrgico e a Liturgia da Palavra daquela celebração.

- Chegando ao altar, todos fazem a **inclinação profunda**, caso não haja sacrário com o Santíssimo ao fundo do presbitério. Havendo sacrário, todos fazem genuflexão, menos quem traz a cruz e o Círio; estes fazem reverência. Os ministros ordenados beijam o altar. O presidente da celebração incensa a cruz e o altar, contornando-o, e se dirige à **cadeira presidencial**, de onde conduz todos os Ritos Iniciais.

- É totalmente desnecessário o costume de fazer **comentários** antes da procissão de abertura. Trata-se de um costume que entrou em nossa Missa quando da mudança do latim para a língua portuguesa, para que o povo conhecesse a estrutura da celebração e dela participasse. Um bom tempo já se passou, e hoje entendeu-se melhor que o rito pode falar por si mesmo, quando bem vivenciado. Argumentava-se que o comentário inicial seria útil para situar a assembleia no tema do dia, função que um adequado canto de entrada e a própria dinâmica da celebração cumprirão a contento. Um bonito **refrão orante**, cantado de maneira suave e bela, dará conta de preparar a assembleia para o rito, muito melhor do que muitas palavras.

2 A saudação inicial

Assim como quando chegamos na casa de pessoas queridas somos recebidos por elas calorosamente, com abraços e outros sinais de alegria, do mesmo modo nossa entrada na "casa" da Missa é marcada pela acolhida fraterna. De muitas maneiras já somos acolhidos desde que cruzamos a Porta (que é o Cristo!) e entramos no templo, encontrando-o limpo e ornado com bom gosto. Muitas pessoas colocaram ali todo o seu carinho como forma de louvar a Deus, mas também de manifestar a alegria da comunidade pelo encontro de tantas pessoas amadas.

Esse momento da saudação inicial é especial! O padre presidente da celebração, sacramento do próprio Cristo que reza ao Pai e leva toda a assembleia a rezar, traça sobre si o sinal da cruz, gesto acompanhado por todos. É um gesto que congrega e constitui a assembleia como povo amado por Deus e convocado para lhe render graças. É como se o padre dissesse: "decretamos que esse povo santo é abraçado pela Trindade!" É um abraço que salva não somente cada fiel em particular, mas que enlaça todo o povo celebrante em uma só experiência de redenção. É uma síntese perfeita do que será celebrado durante a Missa: o Mistério do amor sem fim, que se entrega pela salvação de todos.

Por isso, não é conveniente que nenhum ruído enfraqueça esse sinal e palavra alguma extra preceda a singeleza e, ao mesmo tempo, a grandeza desse gesto. Outras saudações e cumprimentos podem esperar! A primeira marca é a da Trindade, selo que nos marcou desde nosso batismo e que reforça a nossa identidade. O costume de outras falas antes do sinal da cruz geralmente obscurece o esplendor dessa experiência. É como se quiséssemos legendar um beijo!

Em seguida, o presidente da celebração saúda a assembleia com uma das fórmulas bíblicas propostas pelo missal, por exemplo: "A graça de nosso Senhor Jesus Cristo, o amor do Pai e a comunhão do Espírito Santo estejam convosco" (2Cor 13,13), ao que todo o povo responde: "Bendito seja Deus, que nos reuniu no amor de Cristo". Que bela resposta: a assembleia orante é mesmo um mistério! Não é um grupo fragmentado e nem mesmo uma associação qualquer: é a sua Igreja, corpo de Cristo, reunida no seu amor!

> Só depois desta saudação convém situar a celebração no tempo ou festa litúrgica e na realidade da comunidade com a recordação da vida, especialmente em comunidades menores, nas quais os fiéis podem efetivamente recordar em voz alta os acontecimentos.[22]

A recordação da vida, costume da Igreja no Brasil, é um espaço adequado que se abre aqui para a comunidade expressar, espontaneamente ou de maneira preparada, os acontecimentos mais importantes da semana que ocorreram na comunidade ou fora dela. É o momento ideal para lembrar os aniversariantes, falecidos mais recentes, fatos mais marcantes (como uma conquista da comunidade ou uma tragédia ocorrida em alguma parte do mundo)[23]. Ela ajuda a trazer a realidade da assembleia para que seja celebrada à luz do Mistério Pascal de Jesus. Não se trata, entretanto, de um rito obrigatório.

----

22 CNBB - Conferência Nacional dos Bispos do Brasil. *Guia Litúrgico-Pastoral*. 3. ed. Brasília: CNBB, 2017. p. 44.

23 *Ibid.*

3 Ato penitencial

Toda a celebração da Missa é uma constante proclamação da misericórdia infinita de Deus que, em Cristo, nas suas palavras e ações, assume uma dimensão explícita. "Jesus Cristo é o rosto da misericórdia do Pai. O mistério da fé cristã parece encontrar nessas palavras a sua síntese. Tal misericórdia tornou-se viva, visível e atingiu o seu clímax em Jesus de Nazaré" (MV, n. 1). Por isso mesmo, a Igreja é clara em afirmar que a Missa, no seu todo, nos separa do pecado e apaga nossos pecados veniais (cf. CIgC, n. 1393-1394): o ato penitencial, a escuta da Palavra, as palavras da consagração "que será derramado por vós e por todos para a remissão dos pecados", o Pai-nosso, o Cordeiro de Deus etc.

O ato penitencial é um desses momentos de extrema beleza, que nos coloca na contemplação não dos nossos pecados, em primeiro lugar, mas da infinita misericórdia de Deus. Como na parábola do Pai Misericordioso (cf. Lc 15,11-32), a Igreja se coloca no lugar do filho mais novo que, consciente de sua pequenez e miséria, se deixa abraçar e ser beijado pela misericórdia em pessoa, o seu amado pai. Só assim pode entrar para a festa, renovado. Do mesmo modo, o ato penitencial não é a instalação de um tribunal, no qual Deus se assenta para nos julgar, mas uma experiência curativa e libertadora, que possibilita aos fiéis celebrantes colherem os preciosos frutos da Eucaristia em suas vidas.

VIVÊNCIA MISTAGÓGICA

Ambiente: *o encontro pode acontecer em uma igreja ou em outro ambiente devidamente preparado. Se possível, dispor as cadeiras em círculo. Ao centro, preparar um lugar para colocar a Bíblia, uma vasilha transparente, com água perfumada, e uma ramo verde para a aspersão.*

a) **Refrão orante:** *Confiemo-nos ao Senhor!*

 Acesse o *QR Code* para conhecer e ouvir.

71

b) **Saudação** e acolhida fraterna a todos.

c) **Abertura**[24]
- Vem, povo de Deus, louvemos o Senhor! (bis) Com corações em festa, a Ele nosso amor. (bis)
- Sua misericórdia nunca há de faltar! (bis) Pois sua aliança conosco quis firmar! (bis)
- De nossos pecados vem nos libertar! (bis) Vem, hoje a ti clamamos, vem para nos salvar! (bis)
- Tua misericórdia, ó Deus, é infinita! (bis) Por isso te louvamos, és a luz bendita! (bis)
- Glória ao Pai e ao Filho e ao Santo Espírito! (bis) Como era no princípio, agora e para sempre! Amém. (bis)

d) **Entronização da água:** (*enquanto todos cantam, entra o recipiente com água perfumada*).
- *A minh'alma tem sede de Deus!* (somente o refrão)

Acesse o QR Code para conhecer e ouvir.

e) **Escuta da Palavra**

f) **Proclamação da Palavra:** Jo 9,1-7.
- *Silêncio. Meditação. Partilha.*
- **Reflexão.**

g) **Rito da Aspersão**
- **Invocação da bênção de Deus sobre a água** (*todos erguem seus braços e rezam juntos*): Ó Deus de amor e compaixão, pelos méritos de vosso amado Filho Jesus, nós vos pedimos humildemente: derramai vossas bênçãos sobre essa água, para que seja para nós um sinal eficaz da vossa misericórdia que a todos purifica. Por Cristo, nosso Senhor. Amém!
- **Exame de consciência:** o animador motiva os participantes a tomarem consciência de suas faltas e a suplicarem, em silêncio, o perdão de Deus.

---

24 Letra: Vanildo de Paiva. Melodia livre.

- **Aspersão:** o animador asperge a todos, enquanto cantam: "Banhados em Cristo somos uma nova criatura".

 Acesse o *QR Code* para conhecer e ouvir.

h) **Despedida**
- O Deus misericordioso sempre nos mostre a sua face de amor e nos dê a sua paz! **Amém!**
- Louvado seja nosso Senhor Jesus Cristo! **Para sempre seja louvado!**

i) **Canto final:** *Em coro a Deus, louvemos!*

 Acesse o *QR Code* para conhecer e ouvir.

O RITO E A BÍBLIA

Algumas referências sobre a condição pecadora do ser humano e a misericórdia divina na Sagrada Escritura:

- **Gn 6,5**: O Senhor viu o quanto havia crescido a maldade das pessoas na terra e como todos os projetos de seus corações tendiam unicamente para o mal.
- **Ex 3,5:** Deus lhe disse: "Não te aproximes daqui. Tira as sandálias dos pés, pois o lugar onde estás é chão sagrado.
- **Ex 34,6:** Senhor, Senhor! Deus compassivo e clemente, lento para a cólera, rico em amor e fidelidade.
- **Sl 32(31),10:** Muitos sofrimentos aguardam o ímpio, mas a misericórdia do Senhor envolve quem nele confia.
- **Sl 51(50),3:** Tem piedade de mim, ó Deus, segundo a tua misericórdia!
- **Lc 15,7:** Eu vos digo que também no céu haverá mais alegria por um pecador que se converte do que por noventa e nove justos que não necessitam de conversão.
- **Rm 5,8:** Mas Deus prova o seu amor para conosco pelo fato de Cristo ter morrido por nós, quando éramos ainda pecadores.

O QUE NOS ENSINA A IGREJA

À pergunta feita pelo salmista: "Quem pode subir ao monte do Senhor? Quem ficará em seu lugar santo?" (Sl 24(23),3), a liturgia responde com as palavras do próprio salmista: "Aquele que tem mãos inocentes e coração puro!" (Sl 24(23),4).

"Pode estar na presença do Santo só quem tem as mãos e o coração, ou seja, as ações e o interior purificados. Evocando a purificação das mãos e do coração, somos imediatamente remetidos às palavras do Confiteor: 'Pequei muitas vezes por pensamentos e palavras, atos e omissões'"[25].

Ciente de que ninguém é digno de se apresentar diante do Senhor por seus próprios méritos, a sagrada liturgia coloca a todos – sacerdote presidente e assembleia – diante da grandeza da misericórdia de Deus que, pelo rito penitencial, sussurra com bondade: "Pode ficar. Eu amo você e sei que você está arrependido. Venha para a festa!"

O ato penitencial tem lugar após a saudação inicial do presidente da celebração ou após a recordação da vida, quando houver. Consta de quatro elementos: a) um breve convite do presidente ao reconhecimento das culpas; b) um momento de silêncio; c) a confissão comunitária da nossa condição de pecadores; d) e uma bênção chamada de "absolvição". É muito importante que se conserve essa estrutura e que se entenda bem o seu sentido. O silêncio, por exemplo, é essencial não apenas para que cada participante da celebração se situe pessoalmente e como Igreja no momento, mas também para que se evidencie a natureza do rito. Trata-se de um silêncio "intenso, austero, severo"[26], como convém a uma situação triste e deplorável: a do pecado.

Quanto à "confissão" comunitária do pecado, é importante compreender que não se trata do Sacramento da Reconciliação. Portanto, o que se preten-

> Assim, pois, quem come do pão ou bebe do cálice do Senhor indignamente será réu do corpo e do sangue do Senhor. Examine-se, pois, cada um a si mesmo e então coma do pão e beba do cálice (1Cor 11,27-28).

---

25 BOSELLI, G. *O sentido espiritual da liturgia*. Brasília: CNBB, 2014. p. 36. (Coleção Vida e Liturgia da Igreja, v. 1)

26 *Ibid.*, p. 46.

de não é o relato minucioso dos pecados, mas o reconhecimento da nossa condição de pecadores. Por isso mesmo, cada invocação ao Senhor Jesus não visa lhe apresentar pecados específicos, mas a expressão da nossa confiança em sua misericórdia, como no exemplo desta fórmula do missal[27]:

- Senhor, que oferecestes vosso perdão a Pedro arrependido, tende piedade de nós!
- Cristo, que prometestes o paraíso ao bom ladrão, tende piedade de nós!
- Senhor, que acolheis toda pessoa que confia na vossa misericórdia, tende piedade de nós!

A bênção final (Deus todo-poderoso tenha compaixão de nós...) não é uma absolvição com a eficácia do Sacramento da Reconciliação (cf. IGMR, n. 51), mas um pedido ao Pai para que continue sendo misericordioso conosco, como sempre foi com seu povo, o que efetivamente se dá em toda a Missa.

Se as invocações do ato penitencial não tiveram anexas a elas o *Kyrie* (Senhor, tende piedade de nós!), como no exemplo dado, ele deve ser rezado após a conclusão do ato penitencial (cf. IGMR, n. 52).

ORIENTAÇÕES LITÚRGICO-PASTORAIS

a) O ato penitencial pode ser cantado ou rezado. Em ambas as formas, sua estrutura deve ser observada: convite presidencial, silêncio, confissão comunitária (com as "invocações"), normalmente seguidas do "Senhor, tende piedade de nós!" e da bênção ("absolvição").

b) O Missal Romano traz belíssimas fórmulas para o ato penitencial, de acordo com os ciclos do ano litúrgico. É importante usá-las.

c) Nada impede que a comunidade prepare o ato penitencial a partir do tema e Liturgia da Palavra do dia, desde que sua estrutura seja respeitada. Para isso, é bom ter como exemplos as fórmulas do Missal.

d) Pode-se, sobretudo aos domingos, fazer a aspersão com a água benta, como substituição do ato penitencial, em recordação do nosso batismo (cf. IGMR, 51).

e) Quanto à escolha do canto penitencial, é preciso ter muito critério. Ele não pode ser longo, nem

> **PARA APROFUNDAR**
> Instrução Geral do Missal Romano, n. 51-52.

---

27 MISSAL ROMANO. *Formula 2 para o Tempo Comum*. Terceira edição típica. Brasília: CNBB, 2023. p. 437.

ser uma mera descrição de pecados. Costuma-se dar preferência às tonalidades menores, mais apropriadas à vivência da contrição. Com exceção do "Confesso a Deus...", todas as outras fórmulas devem ser dirigidas a Jesus Cristo, nosso redentor. Portanto, não é um canto dirigido ao Pai nem à Trindade.

f) No que se refere à sua execução, o canto penitencial é moderado e despojado de instrumentos. Dispensa-se a percussão.

g) Ainda que cada fiel se sinta convidado a rever a sua própria vida, o ato penitencial não pode ser vivido de modo subjetivista. É a comunidade-Igreja que, liturgicamente, suplica a misericórdia de Deus. Por isso, cantos intimistas, que enfatizem o eu em detrimento do nós, não são adequados para esse momento ritual.

h) Por não se tratar do Sacramento da Reconciliação, nada justifica que o ministro ordenado trace uma cruz sobre a assembleia na conclusão do ato penitencial.

i) Tem crescido o costume de pessoas se ajoelharem durante o momento penitencial. Essa postura não corresponde ao que se propõe no rito e não figura entre as rubricas do Missal. Expressões muito individualizadas como essa rompem a unidade da assembleia, que é construída e demonstrada pela comunhão nos mesmos gestos e orações.

4 Hino de Louvor

Diz a Constituição Conciliar sobre a Sagrada Liturgia que "Cristo age sempre e tão intimamente unido à Igreja, sua esposa amada, que essa glorifica perfeitamente a Deus e santifica os homens ao invocar seu Senhor e, por seu intermédio, prestar culto ao eterno Pai" (SC, n. 7). Daí afirmarmos, então, que toda a ação litúrgica, de modo especial a celebração eucarística, é solene ação de graças a Deus. A assembleia reunida na fé em Cristo e por Cristo, com Ele louva ao Pai por tantas maravilhas realizadas em sua vida, de modo especial a salvação que lhe é dada pela sua participação no Mistério Pascal do Senhor.

Louvar é atitude de quem sabe ser grato e reconhecer os benefícios recebidos. É uma postura que requer muita humildade. Só quem tem coração desapegado de si e liberto de qualquer forma de orgulho é capaz de reconhecer que tudo é graça e erguer sua voz em um Hino de Louvor e gratidão a Deus.

Nas Missas dominicais e ocasiões solenes, o Hino de Louvor, também conhecido por nós como canto do "Glória", nos ajuda a dirigir a Deus nosso louvor revestido de alegria e gratidão, atendendo ao que o Apóstolo Paulo nos recomenda: "Em todas as circunstâncias dai graças, porque esta é a vontade de Deus para conosco em Cristo Jesus" (1Ts 5,18).

VIVÊNCIA MISTAGÓGICA

Ambiente: *o encontro pode acontecer em uma igreja ou em outro ambiente devidamente preparado. Se possível, dispor as cadeiras em círculo. Ao centro, reservar um lugar para a Bíblia e um jarro grande com água. Cada participante recebe uma flor ao chegar.*

a) **Refrão orante:** *Por tudo dai graças!*

 Acesse o QR Code para conhecer e ouvir.

b) **Acolhida fraterna a todos:** ao chegar, cada participante recebe uma flor.
c) **Motivação inicial:** o animador saúda a todos com alegria e motiva-os para que se cumprimentem, com um abraço fraterno.
d) **Escuta da Palavra**
- **Canto de escuta:** *A vossa Palavra, Senhor!*

 Acesse o QR Code para conhecer e ouvir.

e) **Proclamação da Palavra:** Lc 17,11-19.
- Silêncio. Meditação. Partilha.
- **Reflexão:** destacar a importância da gratidão a Deus e aos irmãos.
f) **Louvação:** o animador motiva os participantes a recordarem momentos especiais em suas vidas, em que foram tocados profundamente pela graça de Deus e viveram experiências de muita alegria. Recordar em silêncio. Conversar dois a dois. Socializar em grupo. Após cada partilha, cantar o mesmo refrão orante do início. Quem partilha, coloca sua flor no vaso que deve estar em lugar de destaque.

g) **Salmo 66**[28]
- **R.:** Louvai a Deus, aleluia! São grandes suas obras, aleluia!
- **Leitor 1:** Aclamai o Senhor Deus, ó terra inteira. Cantai salmos a seu nome glorioso.
- **Leitor 2:** Dai a Deus a mais sublime louvação! Dizei a Deus: "Como são grandes vossas obras!"
- **Leitor 1:** Toda a terra vos adore com respeito e proclame o louvor de vosso nome!
- **Leitor 2:** Nações, glorificai o nosso Deus, anunciai em alta voz o seu louvor!
- **Leitor 1:** É ele quem dá vida à nossa vida, e não permite que vacilem nossos pés.
- **Leitor 2:** Bendito seja o Senhor que me escutou, não rejeitou minha oração e meu clamor.

h) **Despedida**
- O Deus, que é fonte de bênçãos e alegrias, sempre nos mostre a sua face de amor e nos dê a sua paz! **Amém!**
- Louvado seja nosso Senhor Jesus Cristo! **Para sempre seja louvado!**

O RITO E A BÍBLIA

Algumas referências sobre o louvor e a glorificação de Deus na Sagrada Escritura:

- **Ex 15,2:** Minha força e o meu canto é o Senhor, ele foi para mim a salvação. Ele é meu Deus, e eu o glorificarei; o Deus de meu Pai, eu o exaltarei.
- **Dn 3,52:** Bendito sejas tu, Senhor Deus dos nossos pais, louvado sejas e bem exaltado para sempre! Bendito seja teu nome glorioso e santo, seja ele louvado e bem exaltado para sempre!
- **Sl 95(94),1:** Vinde, cantemos com júbilo ao Senhor, aclamemos a rocha que nos salva! Vamos à sua presença com ação de graças, o aclamemos com hinos de louvor!

---

28 OFÍCIO DIVINO DAS COMUNIDADES. São Paulo: Paulus, 2018. p. 83

- **Lc 2,13-14:** Imediatamente juntou-se ao anjo uma multidão do exército celeste, que louvava a Deus, dizendo: "Glória a Deus nas alturas e paz na terra aos homens por ele amados".
- **Lc 17,17-18:** Não eram dez os que ficaram limpos? Onde estão os outros nove? Não houve quem voltasse para dar glória a Deus, senão este estrangeiro?
- **Ap 19,5:** Do trono saiu uma voz que dizia: "Louvai o nosso Deus todos os seus servos e todos os que o temeis, pequenos e grandes.

O QUE NOS ENSINA A IGREJA

O "Glória" é um hino "antiquíssimo e venerável" (IGMR, n. 53) e foi incorporado na Liturgia da Missa na celebração do Natal, por volta do século IV, justamente porque suas primeiras palavras foram tiradas do canto dos anjos em Belém: "Glória a Deus nas alturas e paz na terra aos homens por ele amados" (Lc 2,14). No início, era entoado somente pelo bispo. Só bem mais tarde foi estendido ao povo.

Trata-se de um hino doxológico (de louvor e glorificação) que louva a Deus Pai e ao Cordeiro. Não é um hino à Santíssima Trindade. O Espírito Santo é quem reza em nós e nos leva a proclamar o louvor do Pai e do seu Filho amado! É bom perceber isso na letra tradicional que consta do Missal Romano: em momento algum se diz "Glória ao Espírito Santo".

O Hino de Louvor pode ser divido em três partes[29]:

O canto dos anjos	Os louvores a Deus Pai	Os louvores ao Cordeiro
Festiva ação de graças ao Pai, que revela a seus filhos amados a sua graça e benevolência.	Os verbos usados já apontam para a necessidade de louvar o Pai: **louvamos, bendizemos, adoramos, glorificamos, damos graças**... por sua imensa glória, dadas em Cristo.	O hino é predominantemente cristológico. Jesus é chamado de Senhor, Filho unigênito, Senhor Deus, Cordeiro redentor, Santo, Altíssimo..

---

29 Cf. FONSECA, J. *Cantando a missa e o ofício divino*. São Paulo: Paulus, 2004. p. 19-20.

ORIENTAÇÕES LITÚRGICO-PASTORAIS

- O "Glória" é cantado aos domingos e dias de festas e solenidades, com exceção dos tempos da Quaresma e do Advento, quando a Igreja nos convida a reservá-lo às solenidades, a saber, a Páscoa e o Natal.
- Ainda que possa ser cantado em ocasiões especiais, o bom-senso litúrgico chama a nossa atenção para o perigo de desgastarmos a importância e beleza dessa "peça" tão bela, cantando-o em demasia. Por exemplo: se, em uma novena ao padroeiro se canta o Hino de Louvor todos os dias, no dia festivo ele não terá o devido destaque.
- Por ser hino, deve ser sempre cantado, a não ser que não haja quem sustente o canto. Nesse caso, ele é rezado.
- Uma grande dificuldade está na escolha do canto, já que, em muitos lugares, há o costume de se cantar pequenas aclamações trinitárias, com letra resumida. Cuidado! A Igreja nos pede fidelidade ao texto do "Glória", sem reduzir nem ampliar sua letra. Há uma conhecida letra da CNBB, em forma rimada, que serve de base para as composições. Pode ser cantada, de preferência, omitindo-se o refrão ou cantando-o somente no início e no fim.
- Por ser um canto alegre e festivo, há espaço para o uso da percussão, na sua execução, desde que de maneira harmoniosa e moderada.

PARA APROFUNDAR
Instrução Geral do Missal Romano n. 53.

- Entendemos que também há possibilidade de se acolher, durante o Hino de Louvor, as variadas expressões corporais de culturas e grupos diversos, como a dança e as palmas. Essa é uma questão que divide os liturgistas e não há nenhuma rubrica oficial da Igreja a esse respeito. Se a Missa é louvor e ação de graças, é todo o nosso ser que reza e simboliza, no corpo e com o corpo, sua oração: "Nosso corpo, sensível e dócil ao movimento, é uma fonte inesgotável de expressão. Por isso, na liturgia têm importância os gestos, as posturas, as caminhadas e a dança"[30].
- Na sua execução, o Hino de Louvor admite variação de ritmo e expressão, podendo ser mais alegre no início e no final, e mais suplicante nas invocações a Jesus Cristo. Também pode ser cantado por toda a assembleia, ou em modalidade dialogal, alternando solista e povo.

---

30 CNBB - Conferência Nacional dos Bispos do Brasil. *Animação da vida litúrgica no Brasil*. n. 83. São Paulo: Paulinas, 1989. [Doc. 43].

5 Oração da Coleta

Os Ritos Iniciais encerram-se com a chamada Coleta (do latim *collecta* = reunião) ou Oração do Dia. De acordo com o Missal, essa oração "exprime a índole da celebração" (IGMR, n. 54), isto é, reúne todo o povo celebrante em uma só oração, que traz em suas palavras o que se celebra naquele dia. É bonito demais ver toda a assembleia em profundo silêncio, com a mente e o coração serenos e voltados para o diálogo amoroso com o Deus! O presidente, de braços abertos, como Moisés rezando em favor de seu povo (Ex 17,11-13), reza ao Pai, por Cristo, no Espírito Santo.

A oração se compõe de quatro partes[31]:

1	Convite à oração	Com o "Oremos", o presidente da Missa não apenas chama a atenção da assembleia para a oração, mas a reúne e a insere na experiência orante.
2	Silêncio profundo	Não é apenas um detalhe, mas um tempo necessário para que todos tomem consciência de que estão na presença de Deus e formulem interiormente seus pedidos (cf. IGMR, n. 54).
3	O corpo da oração	A oração consta de uma **invocação** de Deus, de um **pedido** e de uma **conclusão**.
4	Amém	Com o "Amém", que significa "aceito", "estou de acordo", o povo se apropria da oração, fazendo-a sua também.

Um exemplo pode ajudar a compreender melhor a bela estrutura da Oração do Dia, como esta do Primeiro Domingo do Advento[32]:

Invocação	Ó Deus todo-poderoso,
Pedido	concedei a vossos fiéis o ardente desejo de acorrer com boas obras ao encontro do Cristo que vem, para que, colocados à sua direita, mereçamos possuir o reino celeste.
Conclusão	Por nosso Senhor Jesus Cristo, Vosso Filho, que é Deus, e convosco vive e reina, na unidade do Espírito Santo, por todos os séculos dos séculos.
Amém!	

---

31 Cf. JOÃO FRANCISCO, M. Oração do dia. In: CNBB - Conferência Nacional dos Bispos do Brasil. *Liturgia em Mutirão*, 2007. p. 104-105.

32 MISSAL ROMANO. Terceira edição típica. Brasília: CNBB, 2023. p. 96.

CAPÍTULO IV

A conversa amorosa de Deus com o seu povo

Liturgia da Palavra

I – INTRODUÇÃO

Os amigos chegaram para a festa. A varanda da casa está toda florida, esbanjando alegria e convidando à comunhão. Todos foram bem recebidos, com abraços fraternos e expressões de boas-vindas. A porta aberta fala por si. Ninguém pode ficar de fora. A casa pode não ser muito grande, mas tem lugar para todos. Ela está limpa e perfumada, e a delicadeza do amor recende por todos os lados. Cada convidado veio de um lugar, trazendo suas histórias para contar e ansioso por um bom bate-papo. É isto que faz a festa ser boa: a beleza do encontro e da partilha, as narrativas cheias de vida e de emoção, o diálogo que faz o amor transitar de um coração a outro, como dizia uma antiga canção: "Palavra não foi feita para dividir ninguém. Palavra é a ponte onde o amor vai e vem"[33].

Como o diálogo é importante e, ao mesmo tempo, tão esquecido em nossos dias! Nele está a resposta para tantos problemas! Há muitos que até se esforçam, mas não sabem dialogar, pois trata-se de uma arte que precisa ser aprendida e treinada. É um exercício mais do coração do que mesmo da boca. Para não ser um monólogo a dois, é necessário que um fale com sinceridade e o outro escute com atenção. Escutar não é só ouvir. É acolher o outro e sua fala, sua história, sua vida. É saber fazer silêncio e permitir que a outra pessoa seja ela mesma, sem julgá-la! É responder com respeito ao que foi ouvido, se deixando tocar pela riqueza da comunhão estabelecida. Em um mundo no qual a correria é tanta e a confusão e o barulho não dão tempo para o exercício da escuta, o diálogo verdadeiro vai se tornando uma raridade!

II – ALIMENTADOS PELO PÃO DA PALAVRA

Na "casa da Missa", tudo precisa acontecer de maneira dialogal, pois Deus toma a iniciativa de falar com seu povo, "como um Pai, ao redor de sua mesa, revelando seus planos de amor"[34]. Como nos recorda o Missal Romano (IGMR, n. 55), "Deus fala a seu povo, revela o mistério da reden-

---

33 Letra e música de Irene Gomes. Disponível em: https://www.provinciadorio.org.br/cantos-religiosos/exibir/145/PALAVRA-NAO-FOI-FEITA-PARA-DIVIDIR-NINGUEM. Acesso em: 20 dez. 2023.

34 Letra e música de Frei Luiz Turra. Disponível em: https://www.provinciadorio.org.br/cantos-religiosos/exibir/152/A-VOSSA-PALAVRA-SENHOR. Acesso em: 20 dez. 2023.

ção e da salvação, e oferece alimento espiritual; e o próprio Cristo, por sua Palavra, se acha presente no meio dos fiéis". A Liturgia da Palavra possibilita esse diálogo amoroso, mas toda a celebração da Missa está imbuída da Palavra de Deus, do começo ao fim: "É muito grande a importância da Sagrada Escritura na celebração litúrgica. Dela se extraem os textos para a leitura e explicação na homilia e os salmos para cantar; de seu espírito e de sua inspiração nasceram orações, preces e hinos litúrgicos; dela tiram o seu significado os sinais e ações" (SC, n. 24).

Tendo aprofundado, passo a passo, os Ritos Iniciais, somos convidados, agora, a cruzar o limiar da porta e entrar para a sala que está gentilmente preparada para nossa conversa com Deus. Nela, vamos ouvir atentamente o que Ele tem a nos revelar, mas também vamos lhe falar das nossas vidas, andanças, alegrias e dissabores. A Liturgia da Palavra nos possibilita sempre esse encontro onde o Senhor fala conosco como um amigo fala com seu amigo (cf. Ex 33,11). Ela consta de leituras do Antigo e do Novo Testamento, incluindo o Salmo Responsorial e o Evangelho; a Homilia; a Profissão de Fé e a Oração dos Fiéis.

1 As leituras da Palavra de Deus

Quis o Concílio Vaticano II que a mesa da Palavra fosse sempre farta:

> Para que a mesa da Palavra de Deus seja preparada, com maior abundância, para os fiéis, abram-se largamente os tesouros da Bíblia, de modo que, dentro de certo número de anos, sejam lidas ao povo as partes mais importantes da Sagrada Escritura. (SC, n. 51)

Mensa Verbi Dei, mesa da Palavra de Deus: assim a Igreja denomina a Liturgia da Palavra, pois a mesa não é o ambão, mas a própria Palavra que deve ser servida aos fiéis. O ambão dá à Palavra toda a dignidade ritual que ela merece, já que ela não é um objeto "do" o culto, entre outros, mas objeto "de" culto, a ser venerado do mesmo modo que se veneram as espécies eucarísticas. Quanto a isso, a constituição dogmática sobre a Revelação Divina é clara, ao afirmar: "A Igreja sempre venerou as divinas Escrituras, como também o próprio corpo do Senhor; sobretudo na sagrada liturgia, nunca deixou de tomar e distribuir aos fiéis, da mesa tanto da Palavra de Deus como do corpo de Cristo, o pão da vida" (DV, n. 21), ensinamento corroborado por Bento XVI:

> Realmente presente nas espécies do pão e do vinho, Cristo está presente de modo análogo, também na Palavra proclamada na liturgia. Por isso, aprofundar o sentido da sacramentalidade da Palavra de Deus pode favorecer uma maior compreensão unitária do mistério da revelação em "ações e palavras intimamente relacionadas" (DV, n. 2), sendo de proveito à vida espiritual dos fiéis e à ação pastoral da Igreja. (VD, n. 56)

Sendo assim, Liturgia da Palavra e Liturgia Eucarística se inter-relacionam, uma conduzindo à outra, em perfeito equilíbrio e sintonia. Ainda que, na prática, seja necessário crescermos na valorização da Palavra, há clareza para nós do quanto a Liturgia da Palavra é importante e deve ser preparada e vivenciada com carinho: "Superamos já a velha contraposição entre Palavra e Sacramento: a Palavra proclamada, viva e eficaz, prepara a recepção do Sacramento e, no Sacramento, essa Palavra alcança a sua máxima eficácia" (EG, n. 174).

VIVÊNCIA MISTAGÓGICA

Ambiente: *o encontro pode acontecer em uma igreja ou em outro ambiente devidamente preparado. Se possível, dispor as cadeiras em círculo. Ao centro, reservar um lugar para a Bíblia. Providenciar vela ornamental e velinhas para todos os participantes.*

a) **Acolhida** fraterna aos participantes.

b) **Refrão orante:** *A Palavra de Deus é luz.*

Acesse o QR Code para conhecer e ouvir.

c) **Recordação da vida:** recordemos, em silêncio, alguma "palavra" significativa de ânimo, esperança ou consolo que alguém tenha nos falado em algum momento importante de nossa vida.

- *Memória. Partilha a dois.*
- **Socialização das memórias:** a cada três pessoas que partilharem suas memórias, cantar o refrão: "Palavra não foi feita para dividir ninguém".

 Acesse o *QR Code* para conhecer e ouvir.

d) **Escuta da Palavra**
- **Canto de escuta:** *Tua Palavra é (Zé Vicente). (durante o canto, alguém entroniza a Bíblia, acompanhada de uma bonita vela acesa)*

 Acesse o *QR Code* para conhecer e ouvir.

e) **Proclamação da Palavra:** Lc 4, 16-21.
- *Silêncio. Meditação. Partilha.*

f) **Rito da Luz:** ambiente na penumbra. Somente a vela ornamental acesa. Quem fizer sua partilha vai até a vela e nela acende sua velinha. De vez em quando, pode-se retomar o refrão orante. No final, quem estiver com a velinha apagada acende-a na chama de quem estiver a seu lado.
- **Partilhar:** que lugar a Palavra de Deus ocupa em sua vida?

g) **Canto final:** *Toda Bíblia é comunicação.*

 Acesse o *QR Code* para conhecer e ouvir.

O RITO E A BÍBLIA

Algumas referências sobre a importância da Palavra na Sagrada Escritura:

- **Gn 1,3:** Deus disse: "Faça-se a luz". E a luz se fez.
- **Ne 8,12:** E todo o povo foi embora para comer, beber, mandar alimentos aos pobres e mostrar grande alegria. É que haviam compreendido as palavras que lhes tinham sido comunicadas.
- **Sl 119(118),105.114:** Tua Palavra é uma lâmpada para meus passos e uma luz para meus caminhos. Tu és meu abrigo e meu escudo, espero em Tua Palavra.

- **Lc 4,16:** Jesus chegou a Nazaré onde se tinha criado. Segundo seu costume, entrou num sábado na sinagoga e se levantou para fazer a leitura.
- **Jo 6,68:** Simão Pedro respondeu: "Senhor, para quem iríamos? Tu tens palavras de vida eterna!"
- **2Tm 3,16-17:** Toda Escritura é inspirada por Deus e útil para ensinar, para repreender, para corrigir, para educar na justiça, a fim de que o homem de Deus seja perfeito e capacitado para toda boa obra.

O QUE NOS ENSINA A IGREJA

Sabemos que a última ceia realizada por Jesus com seus apóstolos (cf. Lc 21,1-23) fundamenta a instituição da Eucaristia e, por consequência, a Liturgia Eucarística, em sua estrutura e sentido. Sempre que nos perguntamos quando e como tudo começou em relação à Eucaristia, é para aquela ceia que voltamos nossa atenção. Será que para a Liturgia da Palavra também há alguma referência preciosa nas Sagradas Escrituras?

O mesmo evangelista Lucas nos relata uma cena preciosíssima da liturgia sinagogal dos conterrâneos de Jesus, que oferece todos os elementos que precisamos para compreender melhor a Liturgia da Palavra. É impressionante a beleza e o poder que essa cena tem! Trata-se de Jesus na sinagoga de Nazaré, lendo as Escrituras, em uma liturgia de sábado (cf. Lc 4,16-21). Não há episódio semelhante a esse nos Evangelhos. Ele é único! Tanto que levou Orígenes a exclamar: "Bem-aventurada assembleia, aquela da qual a Escritura testemunha que 'os olhos de todos estavam fixos nele'"[35]. As lentes de São Lucas captaram uma cena de valor ímpar, já que em nenhum outro lugar se diz que Jesus tenha lido as Escrituras diante de uma assembleia e as explicado, em contexto litúrgico. É indiscutível que ele conhecesse muito bem os textos das Escrituras existentes em seu tempo (a Lei, os Salmos e os Profetas), já que os citava com frequência. Como bom judeu que era, além de aprender com seus pais, certamente frequentou a escola sinagogal e foi iniciado às Escrituras como todo garoto. Muitos trechos ele sabia de cor e os rezava assiduamente.

---

35 BOSELLI, G. *O sentido espiritual da liturgia*. Brasília: CNBB, 2014. p. 53. (Coleção Vida e Liturgia da Igreja, v. 1)

Mas essa cena tem um significado todo especial, pois marca o início do ministério de Jesus. Ele não inaugura sua missão no templo de Jerusalém, em meio aos ritos cultuais de sacrifícios de touros e de carneiros. É certo que Ele é o "Sumo Sacerdote" (cf. Hb 8,1), teologicamente falando, mas é, antes de tudo, o homem da Palavra, o pregador ambulante, aquele ungido para "anunciar a boa-nova aos pobres", já que o "Espírito do Senhor" está sobre Ele (Lc 4,18).

Esse episódio, portanto, pode ser tomado como modelo e inspiração para pensarmos a Liturgia da Palavra. "Em Nazaré, a Palavra leu as Escrituras e, desde aquele dia, daquele 'hoje' (cf. Lc 4,21), a leitura feita por Jesus se tornou a maneira com a qual as cristãos leram as Escrituras"[36]. O modo como se organiza o rito da Palavra, na Missa, bem como os elementos que o compõem, estão presentes nesse texto:

Lc 4,16	Jesus se levantou para fazer a leitura.	O proclamador se levanta e se dirige ao ambão.
Lc 4,17	Deram-lhe o livro do Profeta Isaías.	A Igreja, previamente, determina os textos bíblicos que serão proclamados. O proclamador os encontra no Lecionário/Evangeliário.
Lc 4,18	Abrindo o livro, proclamou o texto.	O proclamador anuncia a Palavra, com unção e clareza.
Lc 4,20 Jesus fechou o livro e deu-o ao ajudante.		O Lecionário/Evangeliário (Palavra) não é propriedade de ninguém, mas patrimônio que a Igreja guarda com carinho ao longo dos séculos para alimentar o seu povo.
Lc 4,21	Jesus começou a lhes falar: "Hoje se cumpriu essa passagem da Escritura que acabais de ouvir".	A homilia é o momento de atualizar a Palavra, ajudando a assembeia a compreender os apelos de Deus para o hoje da nossa história.
Lc 4,20	Todos tinham os olhos fixos nele.	A assembleia, com o olhar, a mente e o coração, acompanha atentamente a proclamação da Palavra de Deus.

---

36 BOSELLI, G. *O sentido espiritual da liturgia.* Brasília: CNBB, 2014. p. 55. (Coleção Vida e Liturgia da Igreja, v. 1)

Os livros litúrgicos para a proclamação da Palavra

A Igreja sempre teve muito cuidado em separar aqueles objetos que comporiam o conjunto a ser usado na liturgia, revestindo-os de dignidade e significado. Ao longo da história, eles foram formando um patrimônio simbólico de grandeza inigualável por se referirem às realidades sagradas. Em se tratando da Liturgia da Palavra, além do ambão, os livros usados para o anúncio da Palavra são tidos em alta estima e dotados de profundo sentido: os Lecionários e o Evangeliário.

Assim como as grandes religiões do mundo, como o judaismo, o budismo e o islamismo, os cristãos têm na Bíblia o seu livro sagrado. Acreditamos que "As coisas reveladas por Deus, que se encontram e manifestam na Sagrada Escritura, foram escritas por inspiração do Espírito Santo" (DV, n. 11). É certo que a revelação divina não se reduz à Bíblia, já que Deus falou e continua falando de muitas outras maneiras. No entanto a Bíblia é fruto de uma longa história da Aliança de Deus com seu povo, primeiramente vivida, depois transmitida de boca em boca e, finalmente, escrita. Essa história encontrou em Jesus Cristo, Palavra que se fez gente (cf. Jo 1,14), a sua plenitude.

> A Igreja cresce e se constrói ao escutar a Palavra de Deus, e os prodígios que de muitas formas Deus realizou na história da salvação fazem-se presentes, de novo, nos sinais da celebração litúrgica, de um modo misterioso, mas real (Introdução ao Lecionário da Missa, n. 7).

Os Lecionários (ferial [para os dias de semana], dominical [para os domingos e festivos] e santoral [para as comemorações dos santos e outras circunstâncias]) e o Evangeliário contêm os textos extraídos da Bíblia e já organizados para que sejam proclamados na Liturgia da Missa. Por meio deles, no ato do anúncio feito vivamente pelo proclamador, "Deus fala a seu povo e Cristo continua a anunciar o Evangelho" (SC, n. 33). A beleza dos livros e a reverência que a Igreja manifesta a eles remete ao respeito ao próprio Deus que, por meio deles, se comunica amorosamente com seu povo.

O Evangelho tem ênfase na Liturgia da Palavra, pois são palavras do próprio Senhor Jesus. O Evangeliário procura dar esse destaque pela sua beleza e pela riqueza do rito que o envolve. Já no início da Missa, na procissão de abertura, ele é trazido solenemente, elevado e mostrado ao povo. "Colocar o livro à vista, abri-lo e lê-lo em assembleia, são gestos que ritualizam a aliança. As Escrituras são o sinal eficaz pelo qual os cristãos podem reconhecer-se participantes de uma mesma aliança em nome do Deus de Jesus Cristo"[37]. Ele congrega a assembleia em um só olhar, que tem em Jesus-Palavra o seu ponto de unidade e seu critério de fé.

Depois ele é colocado sobre o altar (cf. IGMR, n. 122), ato de grande riqueza teológica, pois no altar só se colocam os dons eucarísticos. Mas trata-se do Verbo encarnado, pão da vida (cf. DV, n. 21) que será servido aos fiéis no momento da proclamação do Evangelho, quando será levado solenemente em procissão até o ambão, à semelhança da procissão que o padre faz para levar as espécies eucarísticas até o povo, no momento da comunhão. O próprio rito se encarrega de equiparar, portanto, a mesa da Palavra e a mesa da Eucaristia!

O ministério do proclamador, incluindo os salmistas, tem grande importância, pois ele empresta todo o seu ser ao Senhor para que faça dele seu instrumento e mediação oportuna para comunicar à assembleia sua Palavra de vida e salvação: "[Cristo] está presente na sua Palavra, pois é ele quem fala quando na Igreja se leem as Sagradas Escrituras" (SC, n. 7). Sua preparação espiritual e técnica, bem como o testemunho de vida que é chamado a dar são exigências que brotam da própria dignidade do ministério que desempenha na liturgia.

ORIENTAÇÕES LITÚRGICO-PASTORAIS

- A Liturgia da Palavra se assemelha à semeadura da boa semente no coração dos fiéis. Não pode ser feita de qualquer jeito, mas com cuidado e amor. É preciso que se crie um clima de serenidade para que a escuta seja fecunda e proveitosa. Não é momento para agitação. Por isso, uma entrada da Bíblia pode ser elemento de dispersão. Também um comentário pode não ajudar em nada. É mais adequado que se cante um canto de escuta da Palavra, de maneira moderada e meditativa. Assim, mentes e corações se predispõem a acolher o que Deus tem a falar.
- O Missal recomenda clima de meditação, que se evite "qualquer pressa que impeça o recolhimento" e reforça a importância do silêncio

---

[37] FOSSION, apud BOSELLI, G. O sentido espiritual da liturgia. Brasília: CNBB, 2014. p. 67. (Coleção Vida e Liturgia da Igreja, v. 1)

para que se acolha no coração a Palavra de Deus e se prepare a resposta pela oração. Sugere que "momentos de silêncio sejam observados, por exemplo, antes de se iniciar a própria Liturgia da Palavra, após a primeira e a segunda leitura, como também após o término da homilia" (IGMR, n. 56).

- Aos domingos e dias solenes, são proclamadas três leituras (a primeira, quase sempre do Antigo Testamento, a segunda [do Novo Testamento] e o Evangelho) e o Salmo Responsorial. Durante a semana, uma leitura, o salmo e o Evangelho. Há um elenco de leituras preparado pela Igreja, de tal modo que não se pode trocar os textos bíblicos por outros aos domingos e dias solenes, e muito menos é permitido trocá-los por textos não bíblicos. Há uma catequese bíblica sequencial, sobretudo quando pensamos nos Evangelhos. As leituras dominicais se diferenciam ao longo de três anos: A, B e C, quando se leem Mateus, Marcos e Lucas, respectivamente. João é lido em ocasiões especiais. Durante a semana, as leituras se dividem em anos pares e ímpares. Tudo isso favorece à assembleia, assídua às Missas, uma "farta refeição", isto é, um conhecimento mais amplo da Sagrada Escritura.
- As leituras são proferidas sempre do ambão (cf. IGMR, n. 58). O Salmo Responsorial seja preferencialmente cantado também do ambão. As leituras e o salmo são proclamados do Lecionário/Evangeliário e nunca de um subsídio pastoral qualquer, como folheto, livrinho ou de algum dispositivo eletrônico (celular, tablet etc.).
- A assembleia deve ser educada a ouvir atentamente e olhar para os proclamadores. Trata-se de um rito, e não de uma mera leitura. Nada justifica que o povo fique acompanhando as leituras de seus livrinhos e celulares, muito menos em uma projeção de multimídia (*data show*). O foco está no ambão e é para lá que se voltam os olhares atentos, como aquela assembleia que tinha os olhos fixos em Jesus (cf. Lc 4,20).
- Uma grande dificuldade se encontra no uso inadequado dos microfones ou na acústica ruim da igreja. Investir na boa qualidade do som é condição fundamental para uma maior qualidade não só para a Liturgia da Palavra, mas para toda a celebração.

PARA APROFUNDAR
Introdução ao Lecionário da Missa, n. 11-57.

- O ponto alto da Liturgia da Palavra é a proclamação do Evangelho. Ele pode ser solenizado com a procissão do Evangeliário do altar para o ambão, precedido de velas e incenso, a menos que as rubricas disponham o contrário. Também o Evangelho pode ser cantado pelo diácono ou sacerdote.

- O canto da aclamação ao Evangelho, como o próprio nome indica, é exultante. Quase sempre é um Aleluia seguido de um versículo apropriado, que já consta do Lecionário. No tempo da Quaresma, outros refrãos são propostos pelas rubricas. "O Aleluia ou versículo antes do Evangelho podem ser omitidos quando não são cantados" (IGMR, n. 63c).

- Em algumas ocasiões, temos as chamadas "Sequências", cantadas antes do Aleluia. Elas são facultativas, exceto nos dias da Páscoa e de Pentecostes (cf. IGMR, n. 64).

- É preciso ter cuidado com a duplicação de sinais na Liturgia. Se já existe uma mesa própria para as leituras, a saber, o ambão, não é adequado preparar uma outra mesa ou "altar" enfeitado para expor a Bíblia, nem mesmo no mês dedicado a ela. Ênfase pode ser dada ao ambão, ornando-o de maneira mais festiva.

- Quanto às vestes para a proclamação da Palavra, os que desempenham esse ministério podem subir ao ambão com roupas normais, desde que conservem o decoro. Há, em muitos lugares, o costume de se adotar vestes litúrgicas para os proclamadores. Não são obrigatórias, a menos que a CNBB disponha o contrário, mas esse bonito hábito dignifica o ministério e valoriza a Liturgia da Palavra.

- Os proclamadores podem sentar-se no presbitério, próximos ao ambão, se houver espaço suficiente para sua acomodação. Evitem-se deslocamentos no presbitério. Caso precisem passar em frente ao altar, façam reverência a ele. Não há rubrica que prescreva a inclinação diante da Palavra. Trata-se, no entanto, de um gesto significativo a ser valorizado. Porém, a reverência é feita à Palavra que ali está, e não ao ambão.

2 A homilia

A sala de visitas da "casa da Missa" está cheia. A conversa está boa. Deus fala nas leituras e seu povo escuta com atenção. Todos querem escutá-lo sem perder uma palavra sequer. É Palavra da salvação! Aos apelos de Deus, a assembleia responde com a oração pessoal que vai brotando de seu coração e, comunitariamente, recitando o Salmo Responsorial, fazendo a Profissão de Fé e rezando as Orações dos Fiéis.

Um momento muito especial desse diálogo amoroso se dá no momento da homilia, palavra que tem o sentido de conversa familiar, como a de um pai ou de uma mãe com seus filhos queridos. Diz a Instrução Geral do Missal Romano (n. 65) que o objetivo da homilia é "nutrir a vida cristã".

O Papa Francisco, na sua Encíclica *Evangelii Gaudium* (A Alegria do Evangelho) ensina que a homilia é "diálogo de Deus com seu povo" (n. 137), deve "dar fervor e significado à celebração" (n. 138) e ser um "manancial de água viva" (n. 139). Por isso, espera-se, como desejava Bento XVI, na Exortação Pós-Sinodal *Sacramentum Caritais* (Sacramento da Caridade), que um pregador "coloque a Palavra de Deus proclamada em estreita relação com a celebração sacramental e com a vida da comunidade, de tal modo que a Palavra de Deus seja realmente apoio e vida da Igreja" (SCa, n. 46), É um momento para se atualizar a Palavra proclamada. Também ela encoraja, anima, exorta e consola o povo de Deus.

De modo geral, a homilia, na Missa, é reservada aos ministros ordenados. No entanto, se razões pastorais justificarem, pode-se pedir o auxílio de leigos preparados (cf. CfL, n. 23). O importante é que cumpra a sua finalidade e ajude os fiéis a mergulharem no Mistério celebrado. Por isso mesmo, espera-se que seja mistagógica, tanto nas palavras quanto no jeito de fazê-la. Não é momento para fazer discursos e nem exegese bíblica, muito menos para apelos moralistas. O Papa Francisco sugere que uma homilia seja breve, objetiva, e tenha uma ideia, uma imagem e um afeto.

3 A Profissão de Fé

Há uma máxima que a Igreja repete sempre com muita convicção: *lex orandi, lex credendi*, palavras latinas que podem ser livremente traduzidas como "o que rezamos é o mesmo que nós cremos", a fé que nós professamos é a mesma fé que celebramos em nossa liturgia. E tudo começou no dia do nosso batismo, quando nossos pais e padrinhos disseram "eu creio". Fomos, então, inseridos em uma comunidade cristã que disse: "nós cremos também!" Na Liturgia da Palavra, logo após a homilia, aos domingos e dias solenes, a assembleia é convidada a reafirmar o conteúdo da sua fé. Rezamos, então, o Creio ou Símbolo, justamente porque contém, revela, evoca e representa a fé cristã católica. Constitui a regra da fé da comunidade eclesial.

Esse momento tem por objetivo suscitar na assembleia, depois de ouvida a Palavra de Deus nas leituras e meditada na homilia, uma resposta de assentimento, de adesão e de seguimento dos apelos do Senhor na prática diária da vida cristã. E os cristãos o fazem em primeira pessoa, dizendo "creio", mas não de modo subjetivista ou isolado, mas enquanto comunidade que crê no mesmo Deus, acolhe o que ele revelou e aceita, consciente e alegre, os mesmos elementos que lhe dão identidade.

VIVÊNCIA MISTAGÓGICA

Ambiente: o encontro pode acontecer em uma igreja ou em outro ambiente devidamente preparado. Se possível, dispor as cadeiras em círculo. Preparar o Círio Pascal e um pedestal para colocá-lo. Providenciar uma faixa com as palavras: EU CREIO. NÓS CREMOS! e uma cópia do Credo Niceno-Constantinopolitano para todos.

a) **Acolhida** fraterna aos participantes.
b) **Refrão orante:** Eu creio em ti *(cantar somente o refrão. Durante o canto, o Círio Pascal pode passar de mão em mão, até chegar ao último participante, que o colocará no centro do grupo).*

 Acesse o *QR Code* para conhecer e ouvir.

c) **Escuta da Palavra**
d) **Proclamação da Palavra:** Ef 1,3-14.
   - *Silêncio. Meditação.*
   - **Eco da Palavra:** quem se sentir à vontade, pode fazer ecoar algum versículo do texto lido.
e) **Profissão de Fé**
   - Além dos artigos do Creio, em quais outras coisas nós cremos? (Creio na vida. Creio na amizade entre as pessoas etc.).

- **Cantar ou ouvir** a música do refrão orante inteira.
- **Recitação do Credo** Niceno-Constantinopolitano *(todos recitam juntos, com uma das mãos estendida na direção do Círio Pascal).*

f) **Despedida**
- O Deus uno e trino, comunidade de amor, nos dê a graça de professar a nossa fé com alegria e testemunhá-la com coragem em nossa caminhada. **Amém!**
- Louvado seja nosso Senhor Jesus Cristo. **Para sempre seja louvado!**

O RITO E A BÍBLIA

Algumas referências sobre a fé na Sagrada Escritura:
- **1Sm 26,23:** O Senhor retribuirá a cada um segundo sua justiça e lealdade.
- **Sl 25,24:** A ti, Senhor, elevo a minha alma. Em ti, meu Deus, confio, que eu não fique decepcionado, nem triunfem sobre mim os inimigos.
- **Hab 2,4:** O injusto está inchado de orgulho, mas o justo viverá por sua fé.
- **Mt 16,16:** Tu és o Cristo, o filho do Deus vivo!
- **Mc 9,23-24:** Jesus, porém, lhe disse: "Tudo é possível para quem tem fé!" Imediatamente o pai do menino exclamou: "Eu creio, mas ajuda a minha falta de fé".
- **Rm 6,4:** Pelo batismo, fomos sepultados com ele na morte para que, assim como Cristo ressuscitou dos mortos pela glória do Pai, também nós andemos em novidade de vida.
- **Hb 11,1:** A fé é o fundamento do que se espera e a prova das realidades que não se veem.

O QUE NOS ENSINA A IGREJA

A Profissão de Fé é um ponto alto da Liturgia da Palavra, um alegre "sim" dos fiéis à mensagem ouvida, ao mesmo tempo que seu conteúdo é uma continuidade orgânica da linha que começou lá nas leituras. Desse modo, ela forma um portal solene para a Liturgia Eucarística.

Dois são os Credos ou Profissões de Fé que têm um lugar muito especial para os batizados e que a Igreja utiliza em suas celebrações litúrgicas: o Credo dos Apóstolos e o Credo Niceno-Constantinopolitano (seu conteúdo resulta dos concílios de Niceia [ano 325 d.C.] e de Constantinopla [381 d.C.]). O primeiro é bem conhecido pelos cristãos católicos e recitado até de cor, pois é o mais usado. O segundo é mais detalhado e seu conteúdo condensa grandes definições teológicas, como se pode constatar:

Creio em um só Deus,
Pai todo-poderoso,
criador do céu e da terra,
de todas as coisas visíveis e invisíveis.
Creio em um só Senhor, Jesus Cristo,
Filho Unigênito de Deus,
nascido do Pai
antes de todos os séculos:
Luz da Luz,
Deus verdadeiro de Deus verdadeiro,
gerado não criado,
consubstancial ao Pai.
Por ele todas as coisas foram feitas.
E, por nós, homens,
e para a nossa salvação,
desceu dos céus:
e encarnou pelo Espírito Santo,
no seio da Virgem Maria,
e se fez homem.
Também por nós foi crucificado
sob Pôncio Pilatos;
padeceu e foi sepultado.
Ressuscitou ao terceiro dia,
conforme as Escrituras;
E subiu aos céus,
onde está sentado à direita do Pai.
E de novo há de vir, em sua glória,
para julgar os vivos e os mortos;
e o seu reino não terá fim.
Creio no Espírito Santo,
Senhor que dá a vida,
e procede do Pai;
e com o Pai e o Filho
é adorado e glorificado:
Ele que falou pelos profetas.
Creio na Igreja
Una, Santa, Católica e Apostólica.
Professo um só batismo
para remissão dos pecados.
Espero a ressurreição dos mortos;
E a vida do mundo que há de vir.
Amém.

ORIENTAÇÕES LITÚRGICO-PASTORAIS

- O Creio pode ser recitado ou cantado pelo presidente da celebração juntamente a toda a assembleia, aos domingos e nas solenidades.
- Por ser patrimônio de fé dos cristãos católicos, sua letra jamais pode ser alterada, sob pena de distorção das verdades professadas pela Igreja, desde o início do cristianismo. "É um abuso substituir o Creio por formulações que não expressam a fé como é professada nos símbolos mencionados"[38].
- Pode-se solenizar esse momento da Profissão de Fé acendendo velas e/ou convidando a assembleia a estender suas mãos em direção ao Círio Pascal aceso. Também pode ser feita a forma dialogada, como na renovação das promessas batismais. Nesse caso, o presidente da celebração pode ir fazendo as perguntas referentes aos artigos de fé contidos no Credo, ao que a assembleia responde, cantando ou recitando: "Creio, Senhor, mas aumentai a minha fé!" ou "Eu creio sim, e vivo alegre a minha fé!" ou simplesmente "Creio!"

PARA APROFUNDAR
Instrução Geral do Missal Romano, n. 67-68.

4 A Oração dos Fiéis

A Oração Universal, Oração dos Fiéis ou simplesmente Preces tem lugar na estrutura da Liturgia desde a Antiguidade. São Justino, que viveu entre os anos 100 e 165 d.C., dizia: "Depois da fala do bispo, todos nós levantamos juntos e fazemos orações". É bom frisar que, na tradição do Catecumenato, a primeira coisa que um cristão recém-batizado fazia era rezar a Oração dos Fiéis. Durante um bom tempo, essas orações desapareceram da estrutura da Missa, mas foram reconduzidas à celebração pela reforma litúrgica empreendida pelo Concílio Vaticano II:

> Restaure-se, especialmente nos domingos e festas de preceito, a "Oração Comum" ou "Oração dos Fiéis", recitada após o Evangelho e a homilia, para que, com a participação do povo,

---

38 CNBB - Conferência Nacional dos Bispos do Brasil. *Animação da vida litúrgica no Brasil.* n. 282. São Paulo: Paulinas, 1989. [Doc. 43].

se façam preces pela santa Igreja, pelos que nos governam, por aqueles a quem a necessidade oprime, por todos os homens e pela salvação de todo o mundo (SC, n. 53)

Na liturgia romana, nós temos um modelo clássico na chamada Oração Universal, rezada toda Sexta-feira Santa. O Missal Romano afirma que "Na Oração Universal ou Oração dos Fiéis, o povo responde de certo modo à Palavra de Deus acolhida na fé e, exercendo sua função sacerdotal, eleva preces a Deus pela salvação de todos" (IGMR, n. 69). A seguir, apresenta uma ordem que serve de inspiração para a elaboração das preces: a) pelas necessidades da Igreja; b) pelas autoridades civis e pela salvação do mundo; c) por aqueles que sofrem dificuldades; d) e pela comunidade local.

As preces podem ser elaboradas pela equipe de liturgia, levando-se em conta: a) o momento pelo qual passam a comunidade, a Igreja, a cidade, o país, o mundo; b) o tempo litúrgico celebrado, Missas rituais, bem como ocasiões de festas e demais celebrações locais; c) o fio condutor da celebração dado pelas leituras.

Quanto à sua estruturação, sugere-se que os pedidos sejam breves e dirigidos a Deus Pai e que a redação seja simples e bem construída, de modo que favoreça a escuta e a comunhão do povo que celebra. Quando da festa de um santo, como o padroeiro, por exemplo, pode-se pedir a sua intercessão no final das preces, mantendo-se a referência direta a Deus. (Ex.: "Senhor, por intercessão de Nossa Senhora Aparecida, vos pedimos!") Nunca as preces devem ser substituídas por orações devocionais ou ladainhas, a não ser que sua omissão seja prescrita pelos rituais.

Cabe ao presidente da celebração fazer o convite e a oração conclusiva (cf. IGMR, n. 71). Elas são proferidas do ambão ou de outro local apropriado, que pode ser uma estante simples, colocada fora do presbitério. Podem ser cantados em ocasiões solenes, tanto as preces quanto o refrão entoado pela assembleia.

CAPÍTULO V

Comungar a vida e o projeto de Jesus

Liturgia Eucarística

I – INTRODUÇÃO

Estar com os amigos é sempre uma festa! Quantas histórias significativas são rememoradas com grande emoção, como se estivessem acontecendo novamente. E como a vida é complexa, isto é, tecida desde o princípio de alegrias e tristezas, são esses os fios da trama das variadas histórias que só os bons amigos sabem contar. A conversa vai longe, e aquele momento do encontro é vivido de maneira singular e irrepetível. Ao mesmo tempo que estão chorando já estão rindo, e sempre tem alguém pra assinar embaixo, dizendo: "Graças a Deus!" Sim, tudo é graça mesmo! Até os momentos mais duros servem para nosso aprendizado e amadurecimento!

Há muitas maneiras de simbolizar a comunhão dos amigos: sorrisos, abraços, flores, presentes, conversas e mais conversas etc. Mas um encontro festivo não fica só na prosa, por mais agradável que ela seja. Da aconchegante sala de visitas, os convivas são chamados à mesa da sala de jantar ou até mesmo à grande mesa da cozinha. "Venham, está servido!", convidam os anfitriões. O café, acompanhado de deliciosas guloseimas, ou a comida quentinha, estão na mesa, para a satisfação de todos. Um a um, todos se rendem ao prazer da refeição, para o deleite do(a) cozinheiro(a), que não se cabe de contentamento ao ver seus amigos bem servidos.

II – CONVIDADOS AO BANQUETE EUCARÍSTICO

Na dinâmica da "casa da Missa" as coisas acontecem também assim: a alegria do encontro dos irmãos entre si e com Deus, já experimentada desde o abraço da acolhida e reforçada pelo diálogo amoroso na Liturgia da Palavra, também se faz sentir ao redor da mesa eucarística. A Liturgia Eucarística faz ressoar o convite de Jesus: "Vinde, já está tudo preparado!" (Lc 14,17). O Divino Anfitrião deseja que, desde aquela primeira Missa, celebrada antes de sua entrega definitiva à morte gloriosa, ninguém fique fora da sua mesa onde o amor se faz refeição. Assim, afirma a Carta Apostólica *Desiderio Desideravi* (DD), do Papa Francisco:

> Todavia seu desejo infinito de restabelecer essa comunhão conosco, que era e continua sendo o plano original, não pode ser

saciado até que cada homem, de toda tribo, língua, povo e nação (Ap 5,9), tenha comido do seu Corpo e bebido do seu Sangue: por essa razão, aquela mesma Ceia se fará presente, até o seu retorno, na Celebração da Eucaristia. (DD, n. 4)

Comunhão é uma palavra mais do que bonita! É um valor que nos é proposto por Jesus Cristo como sinal de nossa adesão a Ele e a seu projeto, e partilha com todos aqueles que desejam participar (tomar parte) de sua vida como seus discípulos. A mesa eucarística, portanto, simboliza e realiza a comum-união de todos aqueles que se deixam render ao amor e serem atraídos por Jesus (cf. DD, n. 6). Alimentados pelo único pão da vida, na Palavra e na Eucaristia, todos são nutridos pela graça divina, em vista da grande missão a ser vivida em meio aos desafios do cotidiano: fazer tudo em memória dele (cf. 1Cor 11,24). Obviamente, isso não significa apenas repetir o rito da Missa, o que não é difícil! Mas fazer em memória de Cristo é viver do jeito que ele viveu, comprometendo-se com o amor e a justiça, o que realmente faz valer cada Missa que celebramos.

Os relatos da instituição da Eucaristia (cf. Mt 26,17-35; Mc 14,12-31; Lc 22,7-20.31-34 e 1Cor 11,23-26), salvas pequenas diferenças em suas redações, estão de acordo quanto aos gestos e às palavras de Jesus, os quais fundamentam os principais momentos que compõem a Liturgia Eucarística. O texto de Marcos (14,22-23), o qual tomamos como exemplo, nos ajuda a compreender melhor isso:

	Texto bíblico	Liturgia Eucarística (cf. IGMR, n. 72)
22-23	Enquanto todos comiam, Jesus tomou um pão... Em seguida, tomando um cálice...	Apresentação das Oferendas
	Pronunciou a bênção... Deu graças...	Prece Eucarística
	Depois, partiu o pão...	Fração do Pão
	E deu-lhes... entregou-lhes e todos beberam...	Comunhão

A Liturgia Eucarística consta das seguintes partes: Apresentação das Oferendas, Oração sobre as Oferendas, Prece Eucarística e Ritos da Comunhão: Pai-nosso, Embolismo (livrai-nos do mal...), Oração pela Paz, Fração do Pão (com Cordeiro de Deus), Comunhão e Oração Pós-Comunhão. Para essa mesa da vida todos somos convidados e incumbidos de levar conosco inúmeros outros irmãos e irmãs: "Não deveríamos ter um momento sequer de descanso, sabendo que nem todos ainda receberam o convite à Ceia, ou que outros o esqueceram ou se perderam nos caminhos tortuosos da vida dos homens" (DD, n. 5). Caminhemos para lá, certos de que se trata do próprio Cristo, o Cordeiro imolado, que para nós se faz refeição: "Desde o início, a Igreja compreendeu, iluminada pelo Espírito Santo, que tudo o que era visível de Jesus, o que podia ser visto com os olhos e tocado pelas mãos, suas palavras e gestos, a concretude da Palavra Encarnada, havia passado para a celebração dos Sacramentos" (DD, n. 9).

1 A Apresentação das Oferendas

A Liturgia Eucarística começa com uma significativa procissão na qual a comunidade, representada por algumas pessoas, leva ao altar do Senhor "o pão e o vinho com água, isto é, aqueles elementos que Cristo tomou em suas mãos" (IGMR, n. 72a). À semelhança do que acontece em nossas refeições domésticas, a mesa é arrumada com carinho e sobre ela o alimento é colocado. Temos notícias de que, no passado, os participantes levavam de suas casas os pães e o vinho para a celebração. Embora esse costume, por questões práticas, tenha se extinguido, é importante olharmos para o sentido dessa procissão: trata-se do povo de Deus que caminha na direção do altar, levando em suas mãos o que melhor representa sua vida e suas lutas diárias. É o povo que deseja devolver ao Pai, simbolicamente, os dons que Ele próprio lhe deu, como sinal de gratidão e louvor. Passo a passo, como na vida, as pessoas vão até o altar levando a si mesmas e toda a humanidade peregrina que, no Mistério da Eucaristia, une sua existência à de Jesus Cristo, que, também um dia, uniu sua divindade a todo ser humano. Isso está formulado como oração, infelizmente inaudível à assembleia, quando o padre que prepara o cálice com a água reza: "pelo mistério desta água e deste vinho, possamos participar da divindade de vosso Filho, que se dignou assumir nossa humanidade".

Pão e vinho são apresentados ao altar do Senhor. São elementos da ceia pascal, que Jesus tomou em suas próprias mãos e quis que se tornassem sinais e garantia da sua presença na vida do seu povo. Por isso mesmo, desde aquela primeira Missa celebrada por Jesus com seus amigos, a Igreja preserva esses mesmos elementos como essenciais para a celebração eucarística, não permitindo que sejam substituídos por nenhum outro, não apenas para manter a tradição, mas pelo poder simbólico que eles têm (cf. IGMR, n. 320.322).

O pão está presente em todas as culturas. Ele é metáfora do alimento que todos os seres criados necessitam para sobreviver. Sintetiza em si a vida e a morte, pois sua ausência impossibilita a continuidade da vida. Podem variar os ingredientes e as receitas, mas ele é desejável em toda mesa. No pão estão contidos os ideais da partilha, da justiça, da solidariedade e da fraternidade. Ele simboliza a luta de cada dia, do homem do campo ou da cidade que, de sol a sol, trabalha e faz a vida nova despontar. Ele representa a necessidade, tudo o que é essencial, o indispensável para uma vida digna e feliz, como Jesus bem sintetizou na oração que rezou e nos ensinou a rezar: "O pão nosso de cada dia nos dai hoje" (Mt 6,10).

O vinho, que "alegra o coração do homem" (Sl 104(103),15), não é necessário para a sobrevivência. Ninguém precisa de vinho para viver. No entanto ele interrompe a lógica da necessidade e coloca o ser humano na dimensão da gratuidade. O vinho traz o sentido da festa, do lúdico, da interrupção do trabalho pesado e da alegria do encontro dos amigos. Ele promove o descanso e convida à reciprocidade. Não tem graça beber vinho sozinho. Ele exige a presença do outro para o brinde, para as trocas afetivas, para o sorriso aberto e para sonharem juntos um mundo onde haja felicidade para todos.

Na Apresentação das Oferendas, pão e vinho são levados ao altar, jamais um sem o outro, porque "unidos, são o sinal que a vida do homem, quando plenamente humanizada, é sempre cotidianidade e festa, necessidade e gratuidade, cansaço e alegria [...]"[39]. Juntos, pão e vinho reúnem todos os dons dados pelo Criador ao ser humano e por ele trabalhados, e que, nesse momento, são colocados diante do Senhor da vida para que sejam unidos ao sacrifício de Jesus.

Ambos os elementos passam pelo mesmo processo antes de chegarem às mãos do padre, na Missa. Os grãos são gerados, amadurecidos, colhidos, triturados e deles se forja o milagre do pão e do vinho. Assim são as vidas dos que apresentam suas oferendas: vidas marcadas pelas alegrias e pelos desencantos da caminhada; vidas muitas vezes trituradas pelos sofrimentos de cada dia, mas assumidas com fé e esperança; vidas que não se cansam de renascer a cada manhã, e que, somadas umas às outras, formam o único pão do louvor e da gratidão ao Senhor e Pai de todos nós.

---

39 BOSELLI, G. O sentido espiritual da liturgia. Brasília: CNBB, 2014. p. 92. (Coleção Vida e Liturgia da Igreja, v. 1)

VIVÊNCIA MISTAGÓGICA

Ambiente: *todos em círculo. No centro, uma mesa. Se possível, um ambão ou uma mesinha com toalha. Providenciar um pão grande e uma jarra transparente com vinho para todos. Tacinhas de acrílico, um vaso com flor, uma vela ornamental, a Bíblia e uma toalha de mesa.*

a) **Refrão orante:** *Desde a manhã.*

 Acesse o *QR Code* para conhecer e ouvir.

b) **Acolhida:** o animador acolhe as pessoas com alegria e motiva os membros do grupo a se olharem e se acolherem com carinho e espírito fraterno. Em seguida, pede que todos se abracem à direita e à esquerda, formando um círculo de pessoas enlaçadas pelos braços, cantando, algumas vezes: *Onde o amor e a caridade* (ou *Onde reina o amor...*).

 Acesse o *QR Code* para conhecer e ouvir.

c) **Preparação da mesa:** enquanto todos cantam, faz-se a entronização do pão e do vinho, acompanhados de flores. São colocados sobre uma bonita toalha, trazida e estendida sobre a mesa.
   - **Canto:** *Os dons que trago aqui*

 Acesse o *QR Code* para conhecer e ouvir.

d) **Partindo da vida**
   - **A memória do pão:** o animador toma a bandeja com o pão e motiva o grupo a recordar as lutas e realizações de cada dia, os sonhos e as pelejas do povo, sobretudo dos mais pobres. Passa a bandeja de mão em mão, e quem se sentir motivado, pode partilhar, de modo objetivo. Após algumas partilhas, cantar: *O Cio da Terra* (Milton Nascimento).

 Acesse o *QR Code* para conhecer e ouvir.

- **A memória do vinho:** do mesmo modo, o animador toma nas mãos a jarro com o vinho e pede aos participantes que se recordem de fatos muito alegres, que foram comemorados com festas. Passa a jarra de mão em mão. Se o tempo for curto, basta que citem os acontecimentos, sem contar as histórias. Se for possível, ouvir ao menos algumas. De vez em quando, cantar: *O que é, O que é? (Viver e não ter a vergonha de ser feliz* – Gonzaguinha).

Acesse o QR Code para conhecer e ouvir.

e) **Iluminando com a Palavra:** entroniza-se a Bíblia, acompanhada de vela. Se não houver um ambão, pode-se colocá-la, após a proclamação da Palavra, em uma mesinha devidamente ornada. Canto à escolha do grupo.

f) **Proclamação da Palavra:** Dt 26,1-11.
- *Silêncio. Meditação.*
- **Partilha da Palavra**

g) **Preces espontâneas**

h) **A partilha:** ao final da vivência, com a ajuda de algumas pessoas, pão e vinho são repartidos entre todos, após a bênção dos alimentos. Ao receberem o pedaço de pão e o cálice do vinho, todos esperam para consumi-los juntos, após o Pai-nosso.
- **Bênção dos alimentos:** Senhor, Vós que sois a fonte da vida e do amor, abençoai este pão e este vinho, sinais do trabalho, das lutas e alegrias de todo ser humano. São frutos que nos destes em vossa bondade. Sejam para nós convite à fraternidade e incentivo à partilha fraterna. Por Cristo, Senhor nosso. **Amém!**
- **Canto para a partilha:** *Daqui do meu lugar* (Pe. Zezinho).

Acesse o QR Code para conhecer e ouvir.

i) **Pai-nosso.**

j) **Conclusão**
- **Animador:** Louvado seja nosso Senhor Jesus Cristo!
- **Todos:** Para sempre seja louvado!

O RITO E A BÍBLIA

Algumas referências sobre pão, vinho e ofertas, na Sagrada Escritura:

- **Dt 26,10:** Agora, pois, trago os primeiros frutos da terra que tu me deste, Senhor.
- **Sl 104(103),15:** O vinho que alegra o coração, o óleo que dá brilho às faces e o pão que renova as forças.
- **Mt 5,23-24:** Portanto, se estiveres diante do altar para apresentar tua oferta e ali te lembrares de que teu irmão tem alguma coisa contra ti, deixa tua oferta lá diante do altar, vai primeiro reconciliar-te com teu irmão e então volta para apresentar tua oferta.
- **Jo 2,10:** [O organizador da festa] lhe disse: "Todos servem primeiro o vinho bom e quando já estão embriagados servem o de qualidade inferior. Tu guardaste o vinho bom até agora.
- **At 2,46:** Todos os dias se reuniam, unânimes, no Templo. Partiam o pão nas casas e comiam com alegria e simplicidade de coração.

O QUE NOS ENSINA A IGREJA

O momento da apresentação dos dons abre a Liturgia Eucarística. Toda a assembleia é convocada pelo rito a voltar sua atenção para a mesa do altar, na qual pão e vinho serão depositados como dom da comunidade reunida na fé. É um momento de alegria, acompanhado por um canto cuja letra fala de partilha, amizade e fraternidade. Esse canto também pode ser substituído por uma música instrumental.

Durante o canto, faz-se a procissão das oferendas, na qual são levados pão e vinho por alguns representantes da comunidade orante. Também todos podem oferecer seus donativos para as necessidades da Igreja e dos pobres (cf. IGMR, n. 73). A Igreja manteve esse costume, que vem desde os primeiros séculos, para que se reforce a íntima relação que há entre Eucaristia e prática da justiça e da caridade. É uma faceta da dimensão político-social, que é inerente à vida eucarística. Essa preocupação da Igreja com os empobrecidos e socialmente vulneráveis e os gestos concretos realizados em seu favor, como a destinação de parte dos dízimos e dos donativos para seu socorro, legitimam o culto, em atenção ao que o próprio Cristo havia dito: "Ide e aprendei o que significam as palavras: 'Quero misericórdia e não sacrifícios'" (Mt 9,13).

Equivocadamente, muitos chamam esse momento da celebração de ofertório. O Missal usa mais os termos "preparação dos dons" (cf. IGMR, n. 72a; 73) e oferendas (cf. IGMR, n. 73;74; 77). A Igreja entende que o verdadeiro ofertório se dá durante a Prece Eucarística, quando, após a narrativa da instituição da Eucaristia, se oferece ao Pai não mais o pão e o vinho, mas o próprio corpo e sangue do seu Filho Jesus Cristo.

> Este não é ainda o ofertório. Estamos apenas preparando a oferenda. Não deve haver um ofertório nosso, desligado do ofertório de Jesus, pois somos com ele um só corpo! E este único ofertório acontece no momento em que, pela ação do Espírito Santo, nossa vida unida à vida de Jesus, torna-se oferenda perfeita entregue *com Ele, por Ele e nEle*, em louvor ao Pai, na unidade do Espírito Santo.[40]

A riqueza mistagógica desse momento se encontra em todos os detalhes do rito, mas de modo especial na oração feita pelo padre presidente da celebração, quando apresenta ao Pai o pão e o vinho oferecidos pela comunidade. Ela é inspirada na *beraká*, bênção rezada pelos judeus, quando se põem à mesa para as refeições. Gestos, elementos simbólicos e palavras se harmonizam com beleza admirável. Vejamos:

Oração de bênção	Sentido mistagógico[41]
Bendito sejais Senhor **Deus do Universo,**	As oferendas são apresentadas ao **Pai**, aqui chamado de **Deus do universo,** como no *Sanctus*. Há a consciência da Igreja celebrante de que Deus é o Senhor e Criador de tudo o que existe. Todas as coisas são dons dele, dados a seus filhos com amor. Eles os oferecem como sinal de gratidão e alegria pelos seus imensos benefícios e unem-se ao dom maior, o próprio Filho Jesus Cristo, em seu sacrifício redentor.

----

40 ZAVAREZ, M.L. Tomar nas mãos o pão e o vinho: preparar a mesa... apresentar as oferendas... In: CNBB – Conferência Nacional dos Bispos do Brasil. *Liturgia em Mutirão*, 2007. p. 130.

41 Uma bonita e aprofundada reflexão a esse respeito pode ser encontrada em BOSELLI, G. *O sentido espiritual da liturgia*. Brasília: CNBB, 2014. p. 80-92. (Coleção Vida e Liturgia da Igreja, v. 1).

Pelo **pão** (**vinho**) que recebemos de vossa bondade, fruto da **terra** (da **videira**) e do **trabalho** humano,	**Pão e vinho** são as oferendas, e nada mais. Eles já significam e sintetizam tudo o que pode ser oferecido. O restante é alegoria! São símbolos da vida de toda pessoa humana, da **natureza** (terra) e da **cultura** (trabalho que transforma a natureza), do campo e da cidade, de todos os povos e nações.
Que agora **vos apresentamos** e **para nós** se vai tornar pão da vida (vinho da salvação).	Quem oferece é a **assembleia celebrante**, ainda que algumas pessoas somente participem da procissão até o altar. A fórmula no plural deixa claro que todos, indistintamente, estão representados por elas. E Deus é tão bom e generoso que nos dá, novamente, como dons consagrados (para nós) para nossa salvação, o que já nos havia dado uma primeira vez, como alimento e subsistência.

ORIENTAÇÕES LITÚRGICO-PASTORAIS

- Levam-se ao altar, preferencialmente em procissão, pão, vinho e água (cf. IGMR, n. 72a). O costume que se criou, especialmente no Brasil, de levar outros símbolos durante a procissão das oferendas, parece não corresponder à natureza do rito como está proposto pela Liturgia. Levar outras coisas como símbolos, nesse momento, é como minimizar o valor simbólico do pão e do vinho, que já representam tudo o que a comunidade deseja e pode oferecer. Corre-se o risco, em um excesso de símbolos, de se ofuscar o sentido mais profundo e genuíno atribuído ao pão e ao vinho. Há outros momentos na celebração, como na ambientação ou na recordação da vida, em que símbolos diversos podem ser agregados ao rito, mas não na procissão das oferendas.
- Para ressaltar o caráter comunitário dessa procissão, mais pessoas podem ser convidadas a participar dela, além daquelas que levarão o pão, o vinho e a água. É significativo diversificar a participação, incluindo na procissão crianças e idosos.
- Como muitas coisas acontecem ao mesmo tempo nesse momento, sugere-se estabelecer a seguinte ordem, para que a assembleia vivencie melhor a ritualidade:

- Primeiro, enquanto todos estão sentados, inclusive o padre presidente da celebração, faz-se a coleta dos donativos em dinheiro. Se o espaço celebrativo favorecer que cada um se levante e leve seu donativo até à frente, o gesto é mais significativo.
- Em seguida, enquanto se canta, faz-se a procissão das oferendas, levando o pão, o vinho e a água até o altar.
- Em algumas ocasiões, é significativo parar o canto depois que a mesa do altar já foi preparada, para que a oração de bênção do pão e do vinho seja feita em voz alta pelo presidente, em diálogo com a assembleia, que reza: "Bendito seja Deus para sempre".

• Há uma recomendação significativa no Missal, mas pouco levada em conta: "pela Fração do Pão e pela Comunhão, os fiéis, embora muitos, recebem o Corpo e o Sangue do Senhor **de um só pão e de um só cálice**, do mesmo modo como os Apóstolos, das mãos do próprio Cristo" (IGMR, n. 72c). Para não se perder a força e a riqueza desse sinal, seria importante ater-se ao seguinte:

- Consagrar todas as hóstias em uma só âmbula e o vinho em um só cálice (se possível) e, no momento da Fração do Pão, distribui-los nos demais vasos sagrados, evidenciando o sinal da comunhão no único pão e único cálice. Isso é reforçado adiante, quando se afirma: "Para consagrar as hóstias, é conveniente usar uma patena de maior dimensão, onde se coloca tanto o pão para o sacerdote e o diácono, como para os demais ministros e fiéis" (IGMR, n. 331). Sendo assim, na Apresentação das Oferendas, cuide-se para levar ao altar a hóstia magna em uma âmbula grande, junto às hóstias pequenas, dispensando-se, desse modo, a patena exclusiva do sacerdote presidente.
- Da hóstia magna comungam não somente o sacerdote presidente, mas outros irmãos que participam da celebração. O gesto da unidade da Igreja no mesmo pão fica reforçado ao "partir a hóstia em diversas partes e distribuí-las ao menos a alguns dos fiéis" (IGMR, n. 321). A hóstia magna deve ter tamanho suficiente para essa partilha.
- Evite-se consagrar quantidade excessiva de hóstias, mas apenas o necessário para a celebração e uma pequena reserva, que ficará no sacrário, para a visita piedosa dos fiéis e o atendimento aos enfermos.

• Em dias solenes, quando o pão e o vinho já estiverem sobre o altar e feita a oração de bênção, podem ser incensados as oferendas, a cruz e o próprio altar. Como a fumaça sobe aos céus, assim também as orações e o louvor da Igreja chegam a Deus.

- Em seguida, o sacerdote lava as mãos. Não se trata de uma questão de higiene, mas de um gesto simbólico: expressa o seu desejo de renovação interior. Assim como Moisés, para aproximar-se do Mistério de Deus, foi convidado a tirar as sandálias porque o lugar era sagrado (cf. Ex 3,5), do mesmo modo, quem apresenta a Deus o culto de seu povo se reconhece sempre indigno de tal graça e lhe pede a purificação do coração.
- O rito prossegue com um convite do presidente à oração, ao qual toda a assembleia adere, para que os dons apresentados constituam um sacrifício agradável a Deus, "para o nosso bem e de toda a santa Igreja". Encerra-se esse momento com a Oração sobre as Oferendas.

2 A Prece Eucarística

A mesa está posta. Os convivas já estão ao redor dela, e a alegria transborda de seus corações! Uma vez alimentados pelo diálogo fraterno, em breve tomarão parte da refeição preparada com tanto carinho e esmero. Gratidão é o sentimento que melhor define o que cada um deles experimenta nesse momento. Gratidão pela vida, pela amizade, pelas histórias vividas com luta e coragem. Gratidão pela superação de tantos desafios e pela possibilidade de recomeçar a cada manhã. Gratidão, sobretudo, a Deus, que esteve sempre presente em cada passo dado, nos momentos de conquistas e também de fracassos. Tudo é vida, e tudo está banhado pela luz que irradia do coração amoroso de Deus!

Jesus também quis reunir seus amigos para um jantar de ação de graças pela caminhada feita por ele, no cumprimento da missão de levar a salvação a toda pessoa humana. Aproximava-se a Páscoa, grande celebração judaica da libertação do povo de Deus da escravidão a que foi submetido no Egito, durante tanto tempo. Era a festa da antiga Aliança, da memória sempre viva de que o Deus da vida sempre caminhou com seu povo escolhido. Todos estavam tomados pela gratidão e se preparavam para expressar isso nas festividades pascais com orações, comidas, músicas e danças. Esta era a ordem de Deus, transmitida por Moisés: "Lembrai-vos do dia em que saístes do Egito, lugar de escravidão, pois foi a mão poderosa do Senhor que vos libertou de lá. [...] Observareis este decreto cada ano no tempo fixado" (Ex 12,3.10).

Jesus sabia que os dias que se seguiriam àquela ceia seriam muito difíceis. A paixão dolorosa o esperava. A prova de amor à humanidade exigiria dele até a última gota de sangue: "E, tendo amado os seus que estavam no mundo, amou-os até o fim" (Jo 13,1). Aquela ceia com os amigos deveria ser muito mais que uma ceia como tantas outras que fizera com eles. Tudo o que seria feito ou dito naquela refeição teria um sentido de memorial, ou seja, atualização da passagem (Páscoa) libertadora de Deus entre os homens. A antiga libertação do Egito, comemorada anualmente na Páscoa, havia chegado a seu ponto mais alto: não só seus irmãos judeus doravante dariam graças a Deus pela sua libertação, mas toda a humanidade seria convidada a se aproximar da mesa do Cordeiro imolado, a saber, o próprio Cristo, que daria sua vida por todos.

Dar a vida pelos seus irmãos foi o que Jesus sempre fez. Seu primeiro movimento em favor de levar vida a todo ser humano já se deu na sua encarnação. "Ele, subsistindo na condição de Deus, não se apegou à sua igualdade com Deus. Mas esvaziou-se a si mesmo, assumindo a condição de escravo, tornando-se solidário com os seres humanos" (Fl 2,6-7a). Deixar a condição gloriosa para ser um com os homens e como os homens, exceto no pecado, expressa o amor transbordante de Deus, que não só cria o ser humano, mas o recria, quando comprometido pelo pecado. E durante toda a sua vida, Jesus sempre se movimentou na direção de salvar, resgatar, curar e libertar homens e mulheres das suas condições miseráveis de vida.

Cada vez que Jesus tinha um gesto de bondade e amor pelos excluídos e marginalizados, vítimas do sistema político, social e religioso de seu tempo, mais perto da cruz ele ficava. Suas palavras e posturas exigiram um jeito novo das pessoas se organizarem e conclamavam à conversão. Sua pregação e testemunho incomodavam aqueles que, de alguma maneira, beneficiavam-se da posição que estavam ou da maneira como as coisas se organizavam, privilegiando minorias. E não demorou muito para desejarem calar sua voz.

A última ceia sintetiza todos os anos precedentes da vida de Jesus, sua missão e compromisso com a vida em plenitude. Mas, também, aponta para o futuro, "até que venha o Reino definitivo" (cf. Lc 22,16). Tudo desemboca naquela refeição ritual, que une passado, presente e futuro no mesmo e único sacrifício, antecipado nos sinais do pão partido e do vinho partilhados, sua morte na cruz dolorosa, feliz ressurreição e glorificação. O pão "dado" e o vinho "derramado" outras coisas não são que o mistério de sua morte:

> O conteúdo do Pão partido é a cruz de Jesus, seu sacrifício em obediência de amor ao Pai. Se não houvesse tido a Última Ceia, ou seja, a antecipação ritual de sua morte, não poderíamos compreender como a execução de sua sentença de morte poderia ser o ato de culto perfeito e agradável ao Pai, o único e verdadeiro ato de culto. Algumas horas depois, os Apóstolos poderiam ter visto na cruz de Jesus, se tivessem suportado o seu peso, o que significava "corpo oferecido", "sangue derramado": e é disso que fazemos memória em cada Eucaristia. (DD, n.7)

Se toda Missa é ação de graças, não nos resta dúvidas de que a Oração Eucarística, pela sua estrutura inspirada na *beraká* judaica (oração de bênção) é solene oração de louvor e gratidão a Deus. Daí vem o nome que acabou sendo generalizado para o todo da Missa: Eucaristia (*eu* bom, bem; *charis* graça, dom, favor), isto é, oração para bendizer (falar bem) a Deus pelos dons continuamente dados aos seres humanos, de modo especial pelo seu próprio Filho Jesus Cristo, nosso salvador. Cada vez que a comunidade, convocada e reunida na fé, aproxima-se da mesa do altar e oferece sua vida simbolizada no pão e no vinho, faz a memória do Mistério Pascal de Jesus Cristo e rende graças a Deus pela salvação que ele concede a todos nós.

VIVÊNCIA MISTAGÓGICA

Ambiente: *todos em círculo. No centro, uma mesa posta com pão e vinho para todos, além de tacinhas de acrílico. Bíblia e cruz com o crucificado. Flores naturais. Recortes de revistas, com imagens dos sofredores de hoje, espalhados em torno da mesa.*

a) **Refrão orante:** *Prova de amor.*

Acesse o *QR Code* para conhecer e ouvir.

b) **Acolhida:** acolher a todos com simpatia e colocá-los no espírito da celebração: dar graças a Deus pelo dom de seu Filho amado para salvação de todos.

c) **Recordação da vida:** em silêncio, todos percorrem o ambiente preparado, prestando atenção nas imagens, até escolher a que mais os sensibilizar. Retornam aos seus lugares, deixando a imagem no seu próprio lugar.
- **Partilha:** que imagem chamou sua atenção? Por quê? Que relação pode ser feita dessa imagem com o sacrifício eucarístico?

d) **Escuta da Palavra**
- **Aquecendo o coração:** motivar o grupo a lembrar e partilhar, espontaneamente, passagens bíblicas que mostram Jesus levando mais vida e alegria às pessoas.
- **Canto de escuta:** *Fala, Senhor, fala da vida!*

 Acesse o *QR Code* para conhecer e ouvir.

e) **Proclamação da Palavra:** Lc 22,14-20.
- *Silêncio. Meditação. Partilha.*

f) **Preces:** espontaneamente, motivar o grupo a fazer orações de louvor e gratidão a Deus, que sempre se coloca ao lado dos pequenos e excluídos.
- Todos rezarão como refrão: **Senhor da vida, vos louvamos pelo vosso amor!**

g) **Pai-nosso.**

h) **Canto final:** *Um certo galileu* (Pe. Zezinho).

 Acesse o *QR Code* para conhecer e ouvir.

O RITO E A BÍBLIA

Algumas referências sobre refeição de ação de graças na Bíblia:

- **Ex 12,17:** Assim observareis a festa dos pães sem fermento, pois foi nesse mesmo dia que eu libertei os vossos destacamentos do Egito. Guardareis esse dia, por todas as gerações, como instituição perpétua.

- **Sl 116(114-115),12-13:** Como poderei retribuir ao Senhor por todos os seus benefícios para comigo? Elevarei o cálice da salvação e invocarei o nome do Senhor.
- **Lc 24,30:** E aconteceu que, enquanto estava com ele à mesa, tomou o pão, rezou a bênção, partiu-o e lhes deu.
- **1Cor 11,23-25:** Porque eu recebi do Senhor o que vos transmiti: O Senhor Jesus, na noite em que foi entregue, tomou o pão e, depois de dar graças, partiu-o e lhe disse: "isto é o meu corpo, que se dá por vós; fazei isto em memória de mim. Do mesmo modo, depois de cear, tomou o cálice, dizendo: "Este cálice é a nova Aliança no meu sangue; todas as vezes que dele beberdes, fazei-o em memória de mim".

O QUE NOS ENSINA A IGREJA

A Prece Eucarística (ou Oração Eucarística, Anáfora ou Cânone) é considerada pelo Missal como "centro e ápice de toda a celebração, prece de ação de graças e santificação. [...] O sentido desta oração é que toda a assembleia se una com Cristo na proclamação das maravilhas de Deus e na oblação do sacrifício" (IGMR, n. 78). De fato, a Igreja reza ao Pai com Cristo, por Cristo e em Cristo, na unidade do Espírito Santo. É todo o corpo, unido à cabeça, que é o próprio Senhor Jesus, que eleva ao Pai uma solene prece de louvor.

Enquanto oração de ação de graças, a Prece Eucarística não pode ser tomada como uma peça à parte do conjunto da celebração da Missa, que é toda uma única e solene ação de graças a Deus, e nem assume uma linguagem diferente. Se presidente e assembleia, em fecundo diálogo orante, vinham dando graças a Deus, desde o início, a Prece Eucarística segue esse estilo de louvor (doxologia). Ela está totalmente unida ao que lhe veio antes, bem como ao que lhe seguirá, isto é, o Rito da Comunhão.

Há uma tendência equivocada, por parte de muitos fiéis leigos, mas também de alguns sacerdotes, de quererem mudar a linguagem e o "tom"

> Ninguém conquistou um lugar naquela Ceia, todos foram convidados, ou melhor, atraídos pelo desejo ardente que Jesus teve de comer aquela Páscoa com eles. Ele sabe que é o Cordeiro dessa Páscoa, sabe que Ele é a Páscoa (DD, n. 4).

da celebração. De uma postura de louvor, muitos acabam passando para uma atitude de adoração, teatralização ou mesmo de contação de histórias, como se o presidente tivesse que fazer um relato para a assembleia de como foi a última ceia, o que Jesus disse e fez. Não! As palavras não são monições dirigidas à assembleia! Continua sendo louvor e ação de graças a Deus, a quem todos se dirigem de modo alegre, ao mesmo tempo que piedoso. Não é momento para ficar ajoelhado (a não ser durante a "narrativa" da instituição da Eucaristia [cf. IGMR, n. 43]), já que a posição de ficar em pé denota de modo mais evidente o caráter de ação de graças a Deus. A adoração ao Santíssimo Sacramento está reservada para outros momentos eucarísticos, como a exposição e bênção do Santíssimo fora da Missa. No momento da Prece Eucarística, a postura de adoração é muito breve, reservada ao momento da conhecida "consagração" ou "narrativa" da instituição da Eucaristia. Prevalece a dimensão do louvor, todos tomando parte da ação de graças que Jesus e seus amigos renderam ao Pai naquela primeira Missa, no cenáculo de Jerusalém.

É de fundamental importância que se resgate a compreensão do sentido da Prece Eucarística como ação de graças e cada membro da assembleia sinta-se inserido nessa dinâmica de louvor e gratidão a Deus, já que todos têm muito a agradecer a Deus, com Cristo. O desconhecimento e a superficialidade com que, muitas vezes, é rezada faz esse momento ser cansativo e até desinteressante para muitos. Para nós, brasileiros, algumas providências há tempo foram tomadas pela Conferência Nacional dos Bispos do Brasil (CNBB) para tornar esse momento mais participativo, salvaguardando a sua índole de ação de graças, como a inserção de pequenas aclamações durante a prece e o incentivo a que se cantem algumas das suas partes.

> É claro que só temos a ganhar com as orações eucarísticas e aclamações cantadas, em linguagem poética e musical próprias da cultura da comunidade celebrante. Orações eucarísticas resmungadas ou recitadas às pressas jamais conseguirão expressar ou suscitar a nossa gratidão para com o Pai. Que sejam pelo menos proclamadas com convicção e alegria.[42]

Também, à diferença de outros países, no Brasil, nós temos uma variedade de formulários, embora se conserve a mesma estrutura. São quatorze Preces Eucarísticas e uma variedade muito rica de Prefácios. São elas

---

42 BUYST, I., *apud* CNBB - Conferência Nacional dos Bispos do Brasil. *Liturgia em Mutirão*, 2007. p. 135.

as Preces Eucarísticas: I, II, III, IV, V; Orações Eucarísticas para diversas circunstâncias I, II, III e IV; Orações Eucarísticas sobre a Reconciliação I e II; Orações Eucarísticas para Missas com crianças I, II e III. A Prece Eucarística I (também conhecida como Cânon Romano), pelo seu caráter histórico e estrutural, é sugerida para as grandes solenidades do Ano Litúrgico, ainda que possa ser usada em outras ocasiões. Ela, assim como as Preces II e III, admitem a variação de Prefácios, o que não é possível com as outras.

Ainda que variem as palavras de cada uma das Preces Eucarísticas, sua estrutura é semelhante. Partindo de uma delas, a Prece V, do Congresso Eucarístico de Manaus (1975), é possível compreender quais seus elementos e como eles se conectam numa linda oração de bênção e ação de graças a Deus:

Elemento	Oração	Compreensão mistagógica
Diálogo Introdutório	S.: O Senhor esteja convosco. **T: Ele está no meio de nós!**	A Prece Eucarística tem início com uma forte proposição feita pelo presidente da mesa eucarística, na qual provoca a assembleia a afirmar sua convicção de estar na presença do Senhor. Tem o "tom" das solenes assembleias do Antigo Testamento, nas quais se convocava o povo para reafirmar a sua Aliança com Deus: "Andarei no meio de vós, sereis vosso Deus e vós sereis meu povo" (Lv 26,12; cf. Ex 6,7; Jr 7,23). A nova Aliança, definitivamente estabelecida em Cristo, na sua morte e ressurreição, agora está sendo rememorada.
	S.: Corações ao alto. **T: O nosso coração está em Deus!**	O convite seguinte é para que os corações sejam elevados ao alto, onde, simbolicamente, está o Senhor, a quem se dirige o louvor. Mas, na verdade, nossos corações já estão nele, na total intimidade do Filho amado, em quem o Pai pôs todo seu bem-querer (cf. Mt 17,5). Nele e com ele, estamos no Pai.
	S.: Demos graças ao Senhor, nosso Deus **T: É nosso dever e nossa salvação!**	Então se evidencia com muita clareza o propósito da Prece: "Demos graças ao Senhor". Todo a comunidade celebrante manifesta sua consciência de que tem o "dever" de louvar a Deus. Dever aqui não pode soar como mera obrigação, mas como reconhecimento dos benefícios recebidos de Deus. É como, às vezes, dizemos a um amigo: "Eu devo tanto a você por aquela ocasião em que me ajudou". É gratidão! No caso da Prece Eucarística, os motivos da gratidão serão elencados abaixo, no Prefácio.

| Prefácio | É justo e nos faz todos ser mais santos louvar a vós, ó Pai, no mundo inteiro, de dia e de noite, agradecendo com Cristo, vosso Filho, nosso irmão. É ele o sacerdote verdadeiro que sempre se oferece por nós todos, mandando que se faça a mesma coisa que fez naquela ceia derradeira. Por isso, aqui estamos bem unidos, louvando e agradecendo com alegria, juntando nossa voz à voz dos anjos e à voz dos santos todos, pra cantar (dizer): | O Prefácio, cujo nome pode levar a equívocos (pois prefácio é uma parte que vem antes de alguma coisa. Nesse caso, ele já é a oração), é parte integrante da Prece Eucarística e convoca todo o povo celebrante para a solene ação de graças a Deus. Nele, se faz a memória das inúmeras graças divinas, num grande elogio às suas obras, desde a natureza até a salvação. São textos breves, focados no tema da festa ou solenidade, quando se celebra alguma, tendo sempre como ênfase o Mistério Pascal de Jesus Cristo. Não há razão maior para se celebrar e glorificar a Deus senão seu Filho amado, que, para salvar o gênero humano, entrega ao Pai a sua própria vida.

O Prefácio "é a tentativa de criar, com palavras humanas, uma moldura digna e, sobretudo, uma entrada adequada para o santo mistério que vai se realizar em nosso meio e que vamos levar até Deus"[43]. Ação de graças pela vinda de Jesus, sua morte, ressurreição e glorificação e tudo o que Ele fez para nos salvar são temas que compõem esse agradecimento que marca toda a Prece Eucarística, mas está bem evidenciado em cada um dos Prefácios. Muitos deles, compostos para Missa dos santos (apóstolos, virgens, doutores, mártires etc.), associam à obra do Cristo aqueles que lhe foram fiéis testemunhas, e glorificaram a Deus com as suas próprias vidas.

O Prefácio se encerra com o convite universal ao grande louvor a Deus, com o canto do *Sanctus* (Santo). A dignidade desse canto é tão grande que até os coros celestiais se unem à assembleia orante para cantar. "Não levamos nossa ação de graças e nosso louvor imediatamente ao trono de Deus como um grupo qualquer de orantes humanos, mas como comunidade dos redimidos por meio daquele que é nosso Salvador e nossa Cabeça, por Cristo, nosso Senhor"[44]. |

---

43 JUNGMANN, J. A. *Missarum Sollemnia*. São Paulo: Paulus, 2015. p. 584.

44 *Ibid.*, p. 595.

Sanctus (Santo)	Santo, Santo, Santo! Senhor, Deus do universo! O céu e a terra proclamam a vossa glória. Hosana nas alturas! Bendito o que vem em nome do Senhor! Hosana nas alturas!	O canto do Santo, continuidade do Prefácio, é inspirado no Profeta Isaías (cf. 6,3) e no brado triunfante do povo, em Jerusalém, que acolhe o Messias Salvador (cf. Mt 21,9) e constitui um dos pontos altos da Prece Eucarística. Tal é a importância desse canto, que a Instrução *Musicam Sacram* recomenda que sempre ele seja cantado (cf. MS, n. 34).
		No Santo aclamam-se ao Senhor Deus do universo e àquele que veio em nome do Senhor, isto é, "aquele que está sobre o trono e o Cordeiro!" (Ap 5,13). De fato, não há glória maior senão o Cristo, o Bendito que veio. Deus é aclamado três vezes como Santo, formando um superlativo linguístico que equivale a Santíssimo.
		Quanto ao "hosana" que segue ao "bendito o que vem", certamente esta expressão se deve ao Sl 118(117),25ss., onde se lê: "Ó Senhor, dá a salvação! Ó Senhor, dá o triunfo! Bendito seja o que vem em nome do Senhor!" Hosana, que tem sentido original de "ajuda-me, por favor", possui também um sentido de homenagem: "Viva".
Primeira Epíclese	Senhor, vós que sempre quisestes ficar muito perto de nós, vivendo conosco no Cristo, falando conosco por ele, mandai vosso Espírito Santo, a fim de que as nossas ofertas se mudem no Corpo + e no Sangue de nosso Senhor Jesus Cristo. **T: Mandai vosso Espírito Santo!**	Segue-se a chamada Primeira Epíclese, palavra que significa invocação do Espírito Santo, desta vez sobre os dons apresentados pela comunidade. Nela, "a Igreja implora, por meio de invocações especiais, a força do Espírito Santo para que os dons oferecidos pelo ser humano sejam consagrados, isto é, se tornem o Corpo e o Sangue de Cristo, e que a hóstia Imaculada se torne a salvação daqueles que vão recebê-la em comunhão" (IGMR, n. 79c). Fica evidente, então, que a transformação do pão e do vinho em corpo e sangue de Cristo não é obra do presidente da celebração, mas do Espírito Santo invocado por ele e por toda a assembleia sobre os dons.

"Narrativa" da instituição da Eucaristia	Na noite em que ia ser entregue, ceando com seus apóstolos, Jesus tomou o pão em suas mãos, olhou para o céu e vos deu graças, partiu o pão e o entregou a seus discípulos, dizendo: **TOMAI, TODOS E COMEI: ISTO É O MEU CORPO, QUE SERÁ ENTREGUE POR VÓS.** Do mesmo modo, no fim da Ceia, tomou o cálice em suas mãos, deu-vos graças novamente e o entregou a seus discípulos, dizendo: **TOMAI, TODOS E BEBEI: ESTE É O CÁLICE DO MEU SANGUE, O SANGUE DA NOVA E ETERNA ALIANÇA, QUE SERÁ DERRAMADO POR VÓS E POR TODOS, PARA REMISSÃO DOS PECADOS. FAZEI ISTO EM MEMÓRIA DE MIM.**	Dá-se início a chamada "narrativa" da instituição da Eucaristia, momento também conhecido como consagração. As palavras do presidente da celebração remetem aos relatos bíblicos daquela última ceia em que Jesus, tomando o pão e, depois, o vinho, instituiu o Sacramento da Eucaristia e o deixou como memória perpétua da sua vida entregue pela nossa salvação. Podemos encontrar esses textos em Mt 26,26-29 (cf. Mc 14,22-25; Lc 22,19-20; 1Cor 11,23-25). Não é demais recordar que a ideia de "narrativa" não pode nos fazer pensar que esse momento seja um mero relato de como tudo teria acontecido naquela noite, na sala de jantar em Jerusalém. No espírito de uma prece de ação de graças, esse momento também constitui uma oração ao Pai, e não um discurso à assembleia, como muitas vezes, infelizmente, parece ser, pelo modo inadequado como se celebra. A presença do "vos" nessa Prece Eucarística V, como também no Cânon Romano, garante esse tom orante: "vos deu graças", pois indica que é uma prece dirigida ao Pai, louvando-o pelo que seu Filho Jesus fez, antecipando no pão e no vinho consagrados a doação de seu próprio corpo e sangue.
Aclamação memorial	Tudo isto é mistério da fé! **T: Toda vez que comemos deste Pão, toda vez que bebemos deste Vinho, recordamos a paixão de Jesus Cristo e ficamos esperando sua vinda.**	Após o presidente da celebração depor o pão consagrado sobre o altar e lhe fazer um gesto de reverência com a genuflexão, ele proclama "Tudo isto é mistério da fé" (ou, em outras preces: "Mistério da fé!", "Mistério da fé e do amor" ou "Mistério da fé para a salvação do mundo"). A que, exatamente, o padre se refere? Não à transubstanciação, isoladamente, mas sim a todo o Mistério Pascal de Jesus Cristo,

		que tem na ceia pascal sua profunda expressão e realização. Por isso mesmo, a adesão da assembleia, em posição de povo remido por Cristo (em pé), deve aclamar o seu Senhor com convicção, alegria e fé. O conteúdo dessa aclamação é justamente a proclamação da sua morte, ressurreição, glorificação e volta gloriosa no fim dos tempos. Trata-se de uma aclamação anamnética, isto é, por meio dela, a assembleia faz a recordação memorial dos principais mistérios de Cristo, sintetizando a sua fé.
Memória e oblação	Recordando, ó Pai, neste momento, a paixão de Jesus, nosso Senhor, sua ressurreição e ascensão, nós queremos a vós oferecer este Pão que alimenta e que dá vida, este Vinho que nos salva e dá coragem. **T: Recebei, ó Senhor, a nossa oferta!**	Após a "consagração", temos a memória (anamnese) do próprio Senhor, que, agora Ressuscitado, está presente em meio a seu povo, no louvor ao Pai. Tendo passado pela paixão e morte dolorosas, está junto ao Pai, na glória eterna, ao mesmo tempo que com os seus, na força de seu Espírito. Junto à anamnese, ou em fórmulas separadas em algumas preces, temos a chamada oblação. Aqui se dá o verdadeiro ofertório da Missa. A Igreja oferece ao Pai não mais o mesmo pão e vinho que lhe havia apresentado, mas agora tendo as espécies sido consagradas, "Pão que alimenta e dá a vida", "Vinho que nos salva e dá coragem", isto é, Jesus Cristo!
2ª. Epíclese (Invocação do Espírito Santo)	E quando recebermos Pão e Vinho, o Corpo e Sangue dele oferecidos, o Espírito nos una num só corpo, pra sermos um só povo em seu amor. **T: O Espírito nos una num só corpo.**	Uma segunda invocação do Espírito Santo (epíclese) é realizada, agora não mais sobre as espécies (que já estão consagradas), mas sobre todo o povo celebrante. É a epíclese de comunhão. Por meio do Espírito, que congrega e santifica a todos, a assembleia se torna, em Cristo, um só corpo. Trata-se da "constituição da assembleia em corpo eclesial de Cristo pela comunhão no pão e no vinho eucaristizados"[45]. Diz a Igreja que "ela deseja, porém, que os fiéis não apenas ofereçam a hóstia imaculada, mas aprendam a oferecer-se a si próprios, e se aperfeiçoem, cada

---

45 TABORDA, F.; MARQUES, F. J. de O.; NASCIMENTO, M. G. do. Uma anáfora brasileira: a Oração Eucarística V. *Persp. Teol.*, n. 38, p. 48, 2006. Disponível em: https://www.faje.edu.br/periodicos/index.php/perspectiva/article/view/313. Acesso em: 22 dez. 2023.

		vez mais, pela mediação do Cristo, na união com Deus e com o próximo, para que finalmente Deus seja tudo em todos" (IGMR, n. 79f).
Intercessões	Protegei vossa Igreja que caminha nas estradas do mundo rumo ao céu, cada dia renovando a esperança de chegar junto a vós, na vossa paz. T: **Caminhamos na estrada de Jesus.** Dai ao Santo Padre, o Papa (N.), ser bem firme na Fé, na Caridade, e a (N.), que é Bispo desta Igreja muita luz pra guiar o vosso Povo. T: **Lembrai-vos, o Pai, da vossa Igreja.** Esperamos entrar na vida eterna com Maria, Mãe de Deus e da Igreja, os Apóstolos e todos os santos, que na vida souberam amar Cristo e seus irmãos. T: **Esperamos entrar na vida eterna.** Abri as portas da misericórdia aos que chamastes para outra vida; acolhei-os junto a vós, bem felizes, no reino que para todos preparastes. T: **A todos dai a luz que não se apaga.** E a todos nós, que somos povo santo e pecador, dai-nos a graça de participar do vosso reino que também é nosso.	A prece de louvor a Deus é obra da Igreja, que se une ao Cristo e Senhor para proclamar a glória do Pai. Por isso mesmo, todos são conclamados a dar graças, e não somente aqueles que estão participando na celebração. As intercessões evidenciam que a Eucaristia é celebrada em comunhão com toda a Igreja (cf. IGMR, n. 79g) e reúnem à assembleia celebrante os demais irmãos vivos e já falecidos, bem como todos os santos. Por eles e com eles, um único e solene louvor sobe aos céus, para que deles desçam bênçãos e graças sobre todo o povo, que deseja participar do Reino de Deus.

Doxologia final	Por Cristo, com Cristo, em Cristo, a vós, Deus Pai todo-poderoso, na unidade do Espírito Santo, toda a honra e toda a glória, por todos os séculos dos séculos.	A conclusão da Prece Eucarística se dá com a doxologia (louvor) final, ratificada pelo grande e solene Amém, entoado pela assembleia. Com as palavras ditas pelo presidente ao Pai, a quem o louvor é dirigido, toda a comunidade reza, movida pelo Espírito que ora em seus corações, com o Filho amado. "Cristo é o sumo sacerdote que está de pé diante do Pai [...] não como alguém que reza sozinho, como rezara sozinho na montanha, durante a sua vida terrestre, no silêncio da noite, mas seus redimidos estão em torno dele; aprenderam a louvar junto com ele o Pai que está no céu"[46]. À semelhança de quem ergue um brinde entusiasmado, depois de contar a todos as boas razões que tem para comemorar, o sacerdote ergue o pão e o vinho consagrados e conclui solenemente a Prece Eucarística, falando também com a beleza de seu gesto.
Conclusão	T: Amém.	Esse é o grande Amém da Missa. Amém significa "Eu aceito!", "Estou de acordo!" "O Amém final, que merece a mesma exultação, é a confirmação solene do povo à prece que o ministro ordenado, em nome da Igreja inteira, elevou a Deus por Cristo, com Cristo e em Cristo, na unidade do Espírito Santo"[47].

ORIENTAÇÕES LITÚRGICO-PASTORAIS

- As maiores dificuldades para se vivenciar bem esse momento da Prece Eucarística quase sempre estão no desconhecimento da assembleia quanto à natureza dessa parte da Missa e do modo como ela é conduzida por alguns sacer-

---

46 JUNGMANN, J. A. *Missarum Sollemnia*. São Paulo: Paulus, 2015. p. 719.

47 CNBB - Conferência Nacional dos Bispos do Brasil. *Guia Litúrgico-Pastoral*. 3. ed. Brasília: CNBB, 2017. p. 36.

> **PARA APROFUNDAR**
> Instrução Geral do
> Missal Romano,
> n. 78-79.

dotes. Quase sempre esse momento é acolhido pelo povo com muito respeito e devoção. Uma autêntica catequese sobre a Prece Eucarística como ação de graças a Deus é fundamental e ajudaria numa adequada junção dessa piedade com a postura de louvor.

- O sacerdote nunca pode se esquecer de que, se durante toda a celebração seu papel de presidente é de grande importância na condução do povo à oração, muito mais ele será nesse momento específico da Prece Eucarística. Sua postura orante, seu tom de voz e seus gestos precisam conduzir toda a assembleia, povo sacerdotal, à ação de graças a Deus. Saber exatamente a natureza e a estrutura dessa grande oração o ajudará a evitar sérios equívocos que distorcem seu sentido, tais como a teatralização da narrativa da instituição da Eucaristia ou a pressa e a desatenção no modo de rezar. Iniciativas tais como adoração ao Santíssimo e "passeios" com a Eucaristia entre o povo descaracterizam seriamente o significado desse momento.

- A Prece Eucarística pode ser escolhida pelo presidente da celebração, mas nada impede que a equipe de liturgia possa sugerir alguma que se relacione bem com a Liturgia da Palavra daquele dia.

- Para possibilitar à assembleia uma adequada participação desse momento, um dos ministros da música litúrgica pode cantar as pequenas aclamações, as quais todos repetem.

- Evite-se o uso de multimídias durante a Prece Eucarística, seja o uso do celular pessoal ou mesmo de um data show, recursos que desviam do foco, que é a mesa do altar, o olhar e a concentração da assembleia.

- O *Sanctus* (Santo) e a aclamação memorial devem ser sempre cantados, respeitadas as formas apresentadas pelo Missal Romano. O Santo é um dos principais cantos da Missa, e merece ser entoado de modo solene e com a participação de toda a assembleia, mantendo-se sua letra original. Durante a aclamação memorial, não é momento para cantos eucarísticos nem devocionais. O conteúdo da letra é a proclamação solene do Mistério Pascal ali celebrado.

- O momento para se ajoelhar é quando começa a "narrativa" da instituição da Eucaristia. Quem não puder se ajoelhar, pode fazer inclinação profunda (cf. IGMR, n. 43). Durante a aclamação memorial (anunciamos, Senhor...), todos já devem estar em pé. Por não ser um rito de adoração sacramental e muito menos de cunho penitencial, a posição de permanecer o tempo todo ajoelhado parece não corresponder à índole do momento.

- O Amém final deve ser alegre e festivo, pois ele encerra solenemente a Prece Eucarística. Mesmo que o padre presidente da Missa não se sinta apto para cantar a doxologia final, o Amém deveria ser cantado. Pode-se, vez ou outra, solenizar esse momento com o uso das campainhas.
- Toda a assembleia deve contemplar as espécies do pão e do vinho consagrados, quando o presidente da celebração as eleva. Quando ele faz genuflexão, a assembleia pode acompanhar esse gesto fazendo uma inclinação, especialmente quem, por alguma razão, permaneceu em pé durante a "narrativa" da instituição da Eucaristia.
- No chamado *memento* (recordação) dos mortos, podem-se anunciar os nomes daqueles recentemente falecidos (sétimo ou trigésimo dia de falecimento). Se a lista de intenções não for longa, todos os outros falecidos podem ser incluídos.

3 Os Ritos da Comunhão

Como na conhecida passagem da caminhada de Jesus com os discípulos de Emaús (cf. Lc 24,13-35), também na celebração eucarística se vivencia, de maneira muito clara, uma íntima relação entre ouvir a Palavra de Deus e tomar parte da mesa onde ele dá em alimento o seu corpo e sangue, nos sinais do pão e do vinho consagrados. Depois de caminhar com os discípulos e ouvir suas angústias e desilusões, Cristo lhes explica as Escrituras e tudo o que a seu respeito estava escrito, fazendo-lhes arder o coração (cf. Lc 24,32). Mas os seus olhos se abriram para o mistério da ressurreição do seu Senhor, quando ele, na intimidade da casa de seus amigos, repetiu os mesmos gestos da última ceia. Então, "abriram-se os olhos deles e o reconheceram" (Lc 24,31). Assim, na Eucaristia, como nos outros sacramentos, Palavra e ação sacramental se interpenetram, pois a eficácia dos sacramentos nasce da Palavra e dela se alimenta (cf. PO, n.4). De acordo com a Introdução ao Lecionário da Missa,

> Espiritualidade alimentada nestas duas mesas, a Igreja, em uma, instrui-se mais, e na outra santifica-se mais plenamente; pois na Palavra de Deus se anuncia a aliança divina, e na Eucaristia se re-

nova esta mesma aliança nova e eterna. Numa, recorda-se a história da salvação com palavras; na outra, a mesma história se expressa por meio dos sinais sacramentais da Liturgia. (ILM, n. 10)

Alimentada pela Palavra, a comunidade orante caminha para a mesa do altar. O pão e o vinho, oferecidos como sinal e síntese de todos os dons, já se tornaram corpo e sangue do Senhor, por ação do Espírito Santo, na Prece Eucarística. Também toda a Igreja, pela ação do mesmo Espírito, também se tornou, em Cristo, um só corpo e um só espírito. A comunhão nas espécies sagradas explicita e realiza a plenitude dessa "comum-união":

> Sendo a celebração eucarística a Ceia Pascal, convém que, segundo a ordem do Senhor, o seu Corpo e o seu Sangue sejam recebidos como alimento espiritual pelos fiéis devidamente preparados. Esta é a finalidade da Fração do Pão e dos outros ritos preparatórios, pelos quais os fiéis são imediatamente encaminhados à Comunhão. (IGMR, n. 80)

Os Ritos da Comunhão constam das seguintes partes: a Oração do Senhor, o Rito da Paz, a Fração do Pão, a Comunhão e a Oração depois da Comunhão.

4 A Oração do Senhor: o Pai-nosso

O Pai-nosso é conhecido como a Oração do Senhor ou Oração Dominical (*Dominus*, no latim, é Senhor). É uma resposta de Jesus ao pedido de seus discípulos: "Senhor, ensina-nos a orar" (cf. Lc 11,1-4). A tradição litúrgica conservou o texto de São Mateus, um pouco maior que o de Lucas (cf. Mt 6,9-13). O Pai-nosso é a oração do Senhor porque Jesus, como Mestre da nossa oração, nos deu as palavras que seu próprio Pai lhe deu. Mas também, "como Verbo encarnado, ele conhece em seu coração de homem as necessidades de seus irmãos e irmãs humanos e no-las revela; é o Modelo de nossa oração" (ClgC, n. 2765).

A Oração do Senhor está presente na nossa liturgia provavelmente desde o século IV. Ela é parte integrante das grandes horas do Ofício Divino (conjunto de salmos, cânticos e orações rezados nas várias horas do dia pelos sacerdotes e por homens e mulheres de vida consagrada, mas também recomendado aos demais fiéis). No processo de Iniciação à Vida Cristã, o Pai-nosso ocupa um lugar muito importante, mostrando claramente seu caráter eclesial ao ser transmitido aos catecúmenos como dom do Pai e sinal de pertença à Igreja que, renascida em Cristo, reza ao Pai com a própria Palavra de Deus. De modo permanente, na celebração eucarística, a Oração do Senhor aparece como oração da Igreja, oração de comunhão, que celebra a comunhão e leva à comunhão com Cristo e com os irmãos e irmãs (cf. CIgC, n. 2769-2770).

VIVÊNCIA MISTAGÓGICA

Ambiente: *se possível, o encontro deve acontecer em um lugar amplo, onde um círculo de cadeiras possa ser organizado. No centro, colocar uma bonita vela acesa. Um lugar de destaque deve ser preparado para a Bíblia. Preparar sete faixas, cada uma com um dos pedidos do Pai-nosso.*

a) **Refrão orante:** *Deus é Amor* (Taizé)

Durante o canto, a vela acesa passa de mão em mão. A última pessoa coloca a vela no centro do grupo.

b) **Motivação inicial:** Deus é nosso *Abba*, é nosso Pai, como Jesus o chamou e nos deu a liberdade de o chamar, como as crianças, na intimidade do lar, chamam a figura paterna. Esse vocativo carinhoso não era recorrente no Antigo Testamento, pois os judeus temiam tanto a Deus que nem ousavam pronunciar o seu nome. Jesus, Deus que assumiu nossa carne, viveu a perfeição do que é ser Filho obediente e fiel a seu Pai e se relacionava com Ele com amor e alegria. Que sentimentos experimentamos quando tomamos consciência de que Deus é também nosso Pai? Como é uma espiritualidade baseada na experiência de amor a Deus Pai e por ele ser amado(a)? Alguém tem alguma experiência bonita com seu pai terreno para nos contar? *(Deixar o grupo falar e, vez ou outra, cantar novamente o refrão acima).*

c) **Escuta da Palavra**
- Canto de escuta: *A vossa Palavra, Senhor!*

129

d) **Proclamação da Palavra:** Mt 6,9-13.
   - *Silêncio. Meditação. Partilha.*
e) **Rezando com a Oração do Senhor**
   - A cada faixa apresentada e colocada no chão, como "raios" da vela, todos fazem o gesto e rezam juntos a oração que lhe é própria:

Faixa	Gesto	Oração
1) Santificado seja vosso nome!	Inclinação profunda	Pai, nós vos adoramos e glorificamos!
2) Venha a nós o vosso Reino!	Mãos estendidas para o alto	Pai, que vosso reino eterno de amor e vida já se antecipe aqui na terra!
3) Seja feita a vossa vontade, assim na terra como nos céus!	Mãos no coração	Pai, que nossas atitudes sempre vos sejam agradáveis!
4) O pão nosso de cada dia nos dai hoje!	Mãos estendidas para frente	Pai, que nunca nos faltem o alimento em nossas mesas e a Eucaristia em nossas vidas!
5) Perdoai-nos as nossas ofensas, assim como nós perdoamos a quem nos ofendeu!	Mãos dadas	Pai, ensinai-nos a ser misericordiosos e a construirmos sempre a paz!
6) E não nos deixeis cair em tentação!	Mãos apontado para o chão (para o caminho)	Pai, dai-nos discernimento para nunca errarmos o caminho que leva a vós!
7) Mas livrai-nos do mal!	Mãos em posição de recusa ou renúncia	Pai, que o mal e o pecado nunca nos distanciem do Amor. Amém!

f) **Oração final:** Senhor, dai-nos sempre um coração de filhos, assim como o coração de Jesus, para que encontremos, no cumprimento de vossa vontade, a nossa completa alegria, e alcancemos a graça de participar do vosso Reino definitivo nos céus, enquanto o fazemos crescer aqui na terra. Amém!

g) **Canto final:** *Cristo, quero ser instrumento de tua paz.*

Acesse o *QR Code* para conhecer e ouvir.

O RITO E A BÍBLIA

Algumas referências sobre os pedidos do Pai-nosso nas Sagradas Escrituras:

- **Sl 40(39),8-9:** Então eu disse: "Eis que venho; no livro em rolo me foi prescrito fazer tua vontade, com tanto desejo, meu Deus!".
- **Mt 4,4:** Está escrito: "Não é só de pão que vive o ser humano, mas de toda palavra que sai da boca de Deus".
- **Mt 5,23-24:** Portanto, se estiveres diante do altar para apresentar tua oferta e ali te lembrares que teu irmão tem alguma coisa contra ti, deixa tua oferta lá diante do altar, vai primeiro reconciliar-te com teu irmão e então volta para apresentar a tua oferta.
- **Jo 17,15:** Não estou pedindo que os tires do mundo, mas que os guardes do mal.
- **Rm 14,17:** Porque o Reino de Deus não é comida nem bebida, senão justiça, paz e alegria no Espírito Santo.
- **1Cor 10,13:** Nenhuma tentação vos assaltou que não fosse humana. Deus é fiel: Ele não permitirá que sejais tentados acima de vossas forças; mas, com a tentação, ele lhe dará os meios para que possais resistir-lhe.
- **Gl 4,6:** Porque sois filhos de Deus, Deus enviou a nossos corações o Espírito de seu Filho que clama: "*Abba*, Pai!"

O QUE NOS ENSINA A IGREJA

A Oração do Senhor encabeça os Ritos da Comunhão. Colocado logo em seguida à Prece Eucarística, o Pai nosso, na sua primeira parte, sintetiza de algum modo a oração que lhe precedeu. Quando se reza: "Santificado seja vosso nome", retoma-se a tríplice aclamação: "Santo, santo, santo..."; ao pedir "Venha a nós o vosso Reino" a Igreja resume as duas epicleses já feitas na Oração Eucarística, quando o Espírito Santo foi invocado sobre as ofertas e sobre o povo celebrante; e ao suplicar "Seja feita a vossa vontade", pedimos a mesma obediência de Jesus, que entregou a

> Na Eucaristia, a Oração do Senhor manifesta também o caráter escatológico de seus pedidos. É a oração própria dos "últimos tempos", dos tempos da salvação que começaram com a efusão do Espírito Santo e que terminarão com a volta do Senhor (ClgC, n. 2771).

própria vida como um sacrifício perfeito: a intenção e a atitude com as quais o próprio Senhor ofereceu seu sacrifício, e que nós devemos assumir por meio de nossa participação nele, não poderiam ser expressadas de maneira melhor[48].

A oração do Pai-nosso consta de sete pedidos: os três primeiros se referem ao próprio Deus, e os outros quatro às necessidades dos seres humanos, seus amados filhos. Todos eles estão vinculados à expressão inicial "Pai nosso", que ilumina toda a oração e dá a ela um tom de intimidade filial de quem reza com Deus. Segundo Tertuliano, "A expressão Deus Pai nunca fora revelada a ninguém. Quando o próprio Moisés perguntou a Deus quem ele era, ouviu um outro nome. A nós este nome foi revelado no Filho, pois este nome novo implica o nome novo de Pai"[49].

Mas que sentido tem rezar o Pai-nosso antes da comunhão eucarística? De acordo com o Missal, "Na Oração do Senhor, pede-se o pão de cada dia, que lembra para os cristãos, antes de tudo, o pão eucarístico, e pede-se a purificação dos pecados, a fim de que as coisas santas sejam verdadeiramente dadas aos Santos" (IGMR, n. 81).

A comunhão nas espécies sagradas exige também a comunhão na vida dos irmãos. Jesus foi claro quando, por ocasião da instituição da Eucaristia, tomou nas mãos jarro com água, bacia e toalha e lavou os pés de seus discípulos, dando-lhes a lição do serviço e do amor fraterno: "Todos saberão que sois meus discípulos, se vos amardes uns aos outros" (Jo 13,35). Paulo foi categórico com os irmãos da comunidade de Corinto ao lhes dizer que aquele que não era capaz de estabelecer relações de fraternidade e justiça com seus irmãos estaria comungando a sua própria condenação (cf. 1Cor 11,17-34). Desse modo, rezar o Pai-nosso antes de nos aproximarmos da Ceia do Senhor é muito mais do que um ato devocional ou uma rubrica a cumprir: é renovar nosso compromisso de fidelidade ao projeto de Deus, que passa sempre pelo exercício da caridade. Quem se dispõe a isso, está apto para a comunhão!

---

48 Cf. JUNGMANN, J. A. *Missarum Sollemnia*. São Paulo: Paulus, 2015. p. 731.

49 TERTULIANO. De oratione, 3. In: *Catecismo da Igreja Católica*, n. 2779. Petrópolis: Vozes; São Paulo: Paulinas, Loyola, Ave-Maria, 1993.

ORIENTAÇÕES LITÚRGICO-PASTORAIS

- O Pai-nosso é precedido por um convite feito pelo presidente da celebração para que todos se unam a ele na oração, que pode ser rezada ou cantada, desde que a letra não seja modificada e todos saibam a melodia, a fim de que ninguém fique excluído da oração dos filhos de Deus.
- Para o convite à oração, usa-se uma das fórmulas apresentadas pelo Missal. Nada impede, no entanto, que o presidente da celebração faça essa monição com suas palavras, baseando-se na mensagem principal da Liturgia da Palavra do dia. É uma excelente oportunidade para garantir a unidade das duas mesas, a da Palavra e a da Eucaristia.
- No Brasil, temos o costume de erguer os braços juntamente com o presidente da celebração para rezarmos o Pai-nosso. Ainda que alguns países não adotem esse costume, ele é legítimo e corresponde à tradição dos primeiros séculos do cristianismo[50]. Como indicação da autenticidade desse gesto, a terceira edição típica do Missal Romano acrescentou às monições uma fórmula na qual o convite de elevar as mãos é claramente feito: "Guiados pelo Espírito Santo, que ora em nós e por nós, elevemos as mãos ao Pai e rezemos juntos a oração que o próprio Jesus nos ensinou"[51]. O Missal italiano, desde a sua versão anterior à que está em vigor, já havia acrescentado uma interessante nota (n. 8) a respeito desse gesto:

> Durante o canto ou a recitação do Pai-nosso, excluindo gestos não correspondentes à orientação específica da oração dirigida a Deus Pai, se pode ter os braços estendidos. Este gesto seja cumprido com dignidade e sobriedade, em um clima de oração filial.

Esse gesto nos une a Jesus, que ora ao Pai, e nos faz ocupar um lugar filial, no Filho. Lembra o gesto comum das crianças que se dirigem a seus pais com confiança e certeza de seu amparo. Há, no gesto de estender os braços, uma referência à cruz de Cristo,

PARA APROFUNDAR
Catecismo da Igreja Católica, n. 2759-2854.

---

[50] Tertuliano (séc. II) já dizia: "Nós, porém, não só levantamos as mãos, mas também as estendemos, abrindo os braços, e amoldando-nos aos sofrimentos do nosso Senhor, confessamos a Cristo também em oração" TERTULIANO. De oratione, 14. In: GRÜN, A.; REEPEN, M. *Rezar com o corpo*: o poder curativo dos gestos. Petrópolis: Vozes, 2016. p. 44.

[51] Cf. MISSAL ROMANO. Terceira edição típica. Brasília: CNBB, 2023. p. 569.

na qual, de braços abertos, ele oferece ao Pai o sacrifício da sua própria vida. Alguns, ainda, sugerem que as mãos espalmadas para fora possam significar uma rendição nossa a Deus e ao seu amor paterno. De todos os modos, não há nada que impeça a assembleia de erguer seus braços, acompanhando o presidente no gesto e na oração. Pelo contrário, a beleza e a tradição do gesto parecem nos motivar ainda mais a fazê-lo.

- Na Missa, não se conclui a Oração do Senhor com o Amém. Isso porque a oração é continuada pelo padre presidente, que reza o chamado "embolismo" (Livrai-nos de todos os males, ó Pai...), desenvolvendo a última petição do Pai-nosso e suas múltiplas implicações. Embolismo significa rito que dá continuidade a uma oração, reforçando-a. Essa oração é feita pelo padre e acompanhada em silêncio pela assembleia. A conclusão virá com a oração de todo o povo (doxologia): "Vosso é o Reino, o poder e a glória para sempre".

5 Rito da Paz

A vivência da plena comunhão exige, naturalmente, o compromisso com a paz e a fraternidade. A Igreja, alimentada pela Palavra, ao caminhar para a mesa eucarística, toma consciência de que ela é continuamente edificada pela vivência sacramental e chamada à unidade, uma de suas marcas essenciais e desejo de Cristo à mesa com seus apóstolos: "Que todos sejam um, como tu, Pai, estás em mim e eu em ti, para que eles estejam em nós, e o mundo creia que tu me enviaste" (Jo 17,21). Portanto, ao comungarmos do mesmo pão e do mesmo vinho consagrados, somos desafiados à comunhão de nossas vidas, atentos à insistência do Apóstolo Paulo: "Uma vez que há um só pão, nós formamos um só corpo, embora sejamos muitos, pois todos participamos do mesmo pão" (1Cor 10,17).

A paz é o primeiro dom do Ressuscitado! "Na tarde do mesmo dia, que era o primeiro da semana, estando trancadas as portas do lugar onde estavam os discípulos, por medo dos judeus, Jesus chegou, pôs-se no meio deles e disse: "A paz esteja convosco!" (Jo 20,19). *Shalom*, essa foi a saudação de Jesus, palavra que sintetiza tudo o que de melhor alguém pode desejar a seu próximo: saúde, alegria, saúde, salvação. Vai muito além do sentido comum que atribuímos à palavra "paz", entendida quase sempre como ausência de guerra ou um bom estado de espírito.

A paz cristã nem sempre é sinônimo de tranquilidade. Muitas vezes é a paz inquieta dos profetas, que são perseguidos por causa de sua luta pela justiça e por vida para todos. Essa também foi a causa de Jesus e lhe custou a morte dolorosa na cruz. Mas a sua ressurreição foi e continua sendo a resposta ao mundo: Deus é o Deus da vida e da paz!

> A paz é, sem dúvida, uma aspiração radical que se encontra no coração de cada um; a Igreja dá voz ao pedido de paz e reconciliação que brota do espírito de cada pessoa de boa vontade, apresentando-o Àquele que 'é a nossa paz' (Ef 2,14) e pode pacificar de novo povos e pessoas, mesmo onde tivessem falido os esforços humanos. (SCa, n. 49)

De acordo com o Missal, no Rito da Paz "a Igreja implora a paz e a unidade para si mesma e para toda a família humana e os fiéis exprimem entre si a comunhão eclesial e a mútua caridade, antes de comungar do Sacramento" (IGMR, n. 82). Retomando a cena do encontro de Jesus Ressuscitado com seus amigos, encontro que em cada Eucaristia se renova, a Oração pela Paz pede ao Senhor que, na sua misericórdia, não olhe os pecados do seu povo, mas a fé da sua Igreja em oração, e a todos dê o seu *shalom*. Essa oração é rezada pelo presidente da celebração, enquanto toda a assembleia acompanha em silêncio, respondendo, ao final: "Amém", e, após a monição: "A paz do Senhor esteja sempre convosco", "O amor de Cristo nos uniu!"

Além da Oração pela Paz, se for oportuno, o presidente da celebração pode propor uma saudação, que será realizada de acordo com o costume de cada lugar. No Brasil, a Conferência Nacional dos Bispos do Brasil, em 1970, decidiu que as pessoas podem se cumprimentar nessa hora do mesmo modo como se cumprimentam em lugares públicos: com apertos de mãos, abraços ou com o ósculo (beijo) da paz. Normalmente, as pessoas se saúdam com a expressão: "A paz de Cristo". De fato, é a paz de Jesus que cada um é convidado a transmitir a quem está do seu lado. Não se trata de compartilhamento de afetos pessoais, o que é próprio de amigos. Aqui, independentemente de quem está do lado, conhecido ou não, amigo ou não, apertar as mãos e desejar a paz ganha um sentido maior, pois o elo na caridade é feito pelo próprio Senhor Jesus.

É importante ressaltar, ainda, que a sobriedade deve ser conservada nesse momento: "Convém, no entanto, que cada qual expresse a paz de maneira sóbria, apenas aos que lhe estão mais próximos" (IGMR, n. 82). Não é momento para deslocamentos nem exaltação de ânimos. A liturgia não prevê canto algum para esse momento e recomenda cuidado para que o gesto da paz não obscureça o rito da Fração do Pão[52].

----

52 Cf. CNBB - Conferência Nacional dos Bispos do Brasil. Guia Litúrgico-Pastoral. 3. ed. Brasília: CNBB, 2017. p. 38.

6 A Fração do Pão e a Comunhão Eucarística

Em sintonia ɔm os gestos de Jesus que tomou nas mãos os dons do pão e do vinho, deu graças e depois os entregou aos seus amigos (cf. Lc 22,19), após receber das mãos do povo os seus dons (Apresentação das Oferendas) e de dar graças ao Pai, com Cristo, por Cristo e em Cristo (Prece Eucarística), o presidente da celebração parte e reparte as espécies consagradas. Quanta beleza e sentido há nesse gesto, infelizmente muitas vezes feito de maneira descuidada, com pouca ênfase e despercebido pela assembleia.

Partir o pão é gesto de grande significado em todas as culturas. É sinal de amor partilhado e compromisso para que não falte o pão de cada dia a todo ser humano. Dividir o pão com quem nada tem é forma privilegiada de viver a lição da mesa eucarística. Não foi à toa que Jesus faz todo o seu discurso eucarístico falando sobre o pão do céu, dentro de um contexto precioso, após alimentar uma multidão de pessoas famintas (cf. Jo 6). Seja em meio a tanta gente, seja na intimidade da última ceia, a mensagem de Cristo é a mesma, o que vale para nossas ceias eucarísticas cotidianas: não pode haver comunhão no seu corpo e no seu sangue se não aprendermos a partilhar o que temos e o que somos com nossos irmãos, especialmente com os mais empobrecidos. Partir o pão é gesto profético e transformador!

A Fração do Pão é gesto tão importante que deu nome a toda a ação eucarística, desde os primeiros tempos do cristianismo. O que hoje chamamos "Missa", no passado chamava-se "Fração do Pão". É lamentável que esse rito, hoje, esteja tão apagado em nossas celebrações! E não é por falta de orientação do Missal:

> A verdade do sinal exige que a matéria da celebração eucarística pareça realmente um alimento. Convém, portanto, que embora ázimo e com a forma tradicional, seja o pão eucarístico de tal modo preparado que o sacerdote, na Missa com o povo, possa de fato partir a hóstia em diversas partes e distribuí-las ao menos a alguns fiéis. Não se excluam, porém, as hóstias pequenas, quando assim o exigir o número dos comungantes e outras razões pastorais. O gesto, porém, da Fração do Pão, que por si só designava a Eucaristia nos tempos apostólicos, manifestará mais claramente o valor e a importância do sinal da unidade de todos, num só pão, e da caridade fraterna pelo fato de um único pão ser repartido entre os irmãos. (IGMR, n. 321)

VIVÊNCIA MISTAGÓGICA

Ambiente: *se possível, que o encontro aconteça em um lugar amplo, onde um círculo de cadeiras possa ser organizado, todos reunidos em torno de uma mesa, ornamentada com toalha e flores. No centro da mesa colocar uma Bíblia e uma vela acesa. Providenciar uma cesta de pão.*

a) **Refrão orante:** *E todos repartiam o pão.*

 Acesse o QR Code para conhecer e ouvir.

b) **Recordação da vida:** recordar situações em que a partilha do pão e da vida se faz necessária, hoje, em nossas comunidades: pessoas, realidades, bairros mais carentes da cidade etc. Recordar, também, grupos solidários que costumam se envolver na assistência e ação social: Vicentinos, Pastorais Sociais, grupos de fé e política, Assistência Social das paróquias etc.

Durante as partilhas, retomar o refrão orante cantado no início.

c) **Escuta da Palavra**

d) **Canto de escuta:** *Envia tua Palavra.*

 Acesse o QR Code para conhecer e ouvir.

e) **Proclamação da Palavra:** Jo 6,1-15.35.
- Silêncio. Meditação. Partilha.

f) **Vivência simbólica:** passar a cesta de mão em mão. Cada participante toma para si um pedaço de pão e, se sentir-se à vontade, faz uma oração espontânea, ressaltando as tantas fomes que hoje as pessoas enfrentam (fome de sentido para a vida, de comida, de moradia, de saneamento básico, de paz, de esperança, de encontro com Deus, de paz etc.). Entre uma oração e outra, todos erguem suas mãos com os pães e rezam: **Senhor, que a Eucaristia nos impulsione ao amor e à fraternidade!**
- **Pai-nosso.**
- Todos consomem o pão.

g) **Canto final:** *Na mesa da Eucaristia.*

 Acesse o QR Code para conhecer e ouvir.

O RITO E A BÍBLIA

Algumas referências sobre a partilha do pão:

- **Ex 16,4:** O Senhor disse a Moisés: "Eu farei chover do céu pão para vós. Cada dia o povo deverá sair para recolher a porção diária".
- **Sl 147,14:** Ele dá a paz em tuas fronteiras, ele te sacia com a flor do trigo.
- **Mc 6,37:** Mas Jesus lhes disse: "Dai-lhes vós mesmos de comer".
- **Lc 24,30:** E aconteceu que, enquanto estava com eles à mesa, Jesus tomou o pão, rezou a benção, partiu-o e lhes deu.
- **At 2,42:** Eles frequentavam com perseverança a doutrina dos apóstolos, as reuniões em comum, o partir do pão e as orações.
- **At 27,35:** Após estas palavras, [Paulo] deu graças a Deus diante de todos, partiu o pão e começou a comer. Animados, todos puseram-se a comer.
- **1Cor 11,26:** Pois todas as vezes que comerdes desse pão e beberdes desse cálice, anunciareis a morte do Senhor até que ele venha.

O QUE NOS ENSINA A IGREJA

A Fração do Pão é acompanhada pelo canto do Cordeiro de Deus. Uma parte do pão é colocada no cálice, "significando a unidade do Corpo e do Sangue do Senhor na obra da salvação" (IGMR, n. 83).

A referência direta ao Cordeiro imolado rememora a Páscoa judaica (cf. Ex 12,3-7), a qual Jesus suplantou com a nova e definitiva Aliança no seu próprio sangue redentor. Ele se tornou o Cordeiro redentor: "Pois sabeis que não fostes resgatados de vossa conduta fútil, herdada de vossos pais, por meio de bens perecíveis como a prata e o ouro, mas pelo sangue precioso de Cristo, como o de um cordeiro sem defeito e sem mancha" (1Pd 1,18-19). É Cristo o Cordeiro que foi morto, mas reina vivo, e conduzirá a todos, de Eucaristia em Eucaristia, até o banquete eterno, no seu reino definitivo: "Nunca mais terão fome nem sede, não pesará sobre eles o sol nem calor algum. Pois o Cordeiro, que está no meio do trono, será o seu pastor e os guiará às fontes das águas da vida. E Deus enxugará toda lágrima de seus olhos" (Ap 7,16-17).

Após a Fração do Pão, todos são convidados pelo presidente da celebração ao banquete do Cordeiro imolado. Como na Parábola do Grande Banquete, a Igreja, que é Mãe, congrega seus filhos ao redor da mesa eucarística, dizendo-lhes: "Vinde, já está tudo preparado!" (Lc 14,17). Todos são ansiosamente esperados pelo Senhor.

> O mundo não o sabe, mas todos são convidados para o banquete das núpcias do Cordeiro (Ap 19,9). Para se ter acesso, é necessária somente a veste nupcial da fé, que se adquire pela escuta da sua Palavra (cf. Rm 10,17): a Igreja a confecciona sob medida e com a candura de um tecido lavado no Sangue do Cordeiro. (DD, n. 5)

Diante de tal dom, resta à assembleia reconhecer a desproporção entre a imensidão do que é dado – o próprio Senhor! – e a pequenez de quem o recebe, e dizer, como aquele humilde oficial romano, exemplo de fé: "Senhor, eu não sou digno de que entreis em minha morada, mas dizei uma só palavra e minha alma será salva" (cf. Mt 8,8).

Em seguida, a liturgia prevê que os fiéis caminhem na direção do altar para receberem o pão eucarístico. Esse gesto não é apenas funcional, mas cheio de significado e mistagogia, bem como a sequência que o rito prevê: estender os braços e estender a mão para receber a Eucaristia e dizer "Amém" quando se ouve do ministro: "O Corpo de Cristo". Como na fila da comunhão, na vida também somos todos caminheiros e não seguimos sozinhos, mas fraternalmente. Para recebermos a Eucaristia, não vamos sós, mas com os irmãos e irmãs na mesma fé, de maneira sinodal, isto é, caminhando juntos:

> Antes de nossa resposta ao convite que Ele faz – muito antes –, existe seu desejo de nós; pode acontecer de não estarmos conscientes disso, mas, todas as vezes que vamos à Missa, nós o fazemos porque somos atraídos pelo desejo que Ele tem de nós (DD, n. 6).

> A procissão de comunhão é, portanto, a imagem da humanidade que vai a Deus, cada um na própria condição. Todos vão juntamente para o altar, cada um pelo que é, com seu fardo de miséria e de pecado, suas fadigas, movidos todos pela mes-

ma fome de receber o pão do perdão, pão da misericórdia e, por isso, pão da vida eterna que só Deus pode dar. [...] Estando diante do ministro, o fiel cumpre um gesto simples, mas intenso: estende os braços e abre as mãos para receber o pão eucarístico. Abre as mãos aquele que se prepara para receber um dom, e esse gesto revela sua atitude interior, é um ato de seu espírito. Abrir as mãos é o gesto humano mais alto para traduzir a disponibilidade para acolher um dom.[53]

Enquanto todos comungam, um canto que retoma a Liturgia da Palavra é entoado, mais uma vez garantindo a interação entre Palavra e Eucaristia. Na unidade das vozes que cantam também se experimenta a comunhão dos corações dos fiéis e, de todos eles, com Deus. Após a comunhão, guarda-se um momento de silêncio para que cada um reze e, logo em seguida, "para completar a oração do povo de Deus e encerrar todo o Rito da Comunhão, o sacerdote profere a oração depois da comunhão, em que se implora os frutos do mistério celebrado" (IGMR, n. 89).

ORIENTAÇÕES LITÚRGICO-PASTORAIS

- Para valorizar o Rito da Fração do Pão, sugere-se ao presidente da celebração que eleve o pão (ou a hóstia grande) e o parta em pedaços à vista da assembleia, que reza ou canta piedosamente o Cordeiro de Deus. Como já foi dito, se possível, todos comunguem de um só pão. Ao menos pedaços da hóstia magna devem ser dados a alguns dos fiéis, significando a unidade de toda a Igreja em um único pão, que é Cristo (cf. IGMR, n. 321).
- Usar uma só patena grande (ou âmbula) para consagrar tanto o pão para os fiéis quanto para o sacerdote também ressalta essa unidade de todos em Cristo. Nada justifica o uso de uma patena separada para o padre, a não ser que somente a hóstia grande seja consagrada naquela celebração.

PARA APROFUNDAR
Instrução Geral do Missal Romano, n. 83-89.

---

53 BOSELLI, G. O sentido espiritual da liturgia. Brasília: CNBB, 2014. p. 196-197. (Coleção Vida e Liturgia da Igreja, v. 1)

- É muito recomendável que todos comunguem de hóstias consagradas na própria celebração. Uma pequena reserva eucarística fica guardada no sacrário, para o atendimento dos enfermos ou alguma emergência (cf. IGMR, n. 85). Precisamos superar o costume de sacrários abarrotados de hóstias consagradas, sem necessidade, correndo-se, inclusive, o risco de que se corrompam com o tempo (cf. IGMR, n. 323).
- De acordo com o Missal,

> A comunhão realiza mais plenamente o seu aspecto de sinal, quando sob duas espécies. Sob esta forma se manifesta mais perfeitamente o sinal do banquete eucarístico e se exprime de modo mais claro a vontade divina de realizar a nova e eterna Aliança no Sangue do Senhor, assim como a relação entre o banquete eucarístico escatológico no reino do Pai. (IGMR, n. 281)

Assim, sempre que possível, tendo o bispo diocesano já regulamentado essa forma de comungar (cf. IGMR, n. 283), é muito significativo que os pastores proponham a comunhão sob duas espécies, educando os fiéis a respeito de seu sentido e da forma correta de comungar.

- Em respeito à consciência e piedade dos fiéis, a Igreja lhes faculta comungarem na boca ou na mão, ajoelhados ou de pé (cf. IGMR, n. 160, 161). No entanto, corresponde melhor à natureza da Eucaristia, instituída como refeição e dentro de uma ceia, a última de Jesus com seus discípulos, o gesto de estender as mãos e receber, de pé, o pão eucarístico. Ajoelhar-se é postura mais apropriada à adoração ao Santíssimo Sacramento, por ocasião da exposição e bênção do Santíssimo, culto eucarístico que não ocorre dentro da Missa.
- Sendo a Eucaristia um dom do Pai, ela é dada pelo ministro ao fiel, que a recebe de mãos abertas. Nenhum fiel pode conferir a si os sacramentos da Igreja. Ninguém se batiza a si mesmo; ninguém se perdoa a si mesmo os pecados; ninguém se impõe as mãos para a ordenação; do mesmo modo, ninguém toma por si mesmo o pão eucarístico[54].
- Durante a Fração do Pão, entoa-se o Cordeiro de Deus. No canto, podem-se intercalar solista e assembleia. A primeira petição ("tende piedade de nós") pode ser repetida várias vezes, até que as hóstias, consagradas e uma só âmbula grande, sejam colocadas em âmbulas menores. Ao final, canta-se: "dai-nos a paz" (cf. IGMR, n. 8,3).

54 Cf. *ibid.*, p. 197.

- A letra do canto de comunhão é uma retomada da Liturgia da Palavra do dia, especialmente do Evangelho, mesmo que não fale explicitamente da Eucaristia. Não é momento para cantos devocionais ou cantos eucarísticos apropriados para adoração e bênção do Santíssimo Sacramento. Como se trata de um canto processional, ele tem início quando o padre presidente comunga, e se prolonga enquanto os fiéis comungam (cf. IGMR, n. 86).
- Após a comunhão, preferência seja dada ao sagrado silêncio para a oração. Embora se possa entoar um canto (salmo ou outro canto de louvor ou hino), parece-nos que o acúmulo de cantos não favorece uma adequada vivência desse momento, sendo o silêncio verdadeiramente oportuno para a oração e o aprofundamento do mistério celebrado.
- Nada deve ser introduzido entre a comunhão e a oração que lhe segue, já que esta ainda está ligada à recepção do sacramento eucarístico. Não é momento oportuno para outras orações, comentários e, muito menos, para avisos.
- É orientação clara da Igreja que não se pode distribuir, à maneira de comunhão, durante a Missa, hóstias não consagradas, pãezinhos ou material comestível. Isso pode gerar confusão entre as pessoas a respeito do ensinamento da Igreja sobre a Eucaristia (cf. RS, n. 96).

CAPÍTULO VI

A Missa é missão!

Ritos Finais

I – INTRODUÇÃO

É hora de voltar para casa! O encontro com os amigos revigorou a todos. Como foi bom rever tantas pessoas queridas, conversar sobre as coisas da vida, repartir com os irmãos as alegrias e os desafios da caminhada! O amor congregou a todos em torno de uma mesma mesa, onde se sentiram iguais e se alimentaram também de força para seguirem o caminho, com fé e esperança.

Não daríamos conta se a vida fosse só trabalho e rotina. As festas, os encontros, as partilhas do que somos e temos são intervalos necessários para nos abastecer de coragem e recompor nossas utopias. A vida seguirá com suas dificuldades e provações. Mas o encontro com os amigos nos faz acreditar que, juntos, sob o olhar bondoso de Deus, somos fortes e capazes de construir um mundo melhor.

É hora de retornar para a lida e para a luta! Os anfitriões acompanham os visitantes até a porta, tomados pela gratidão e na certeza de que aquele encontro será memorável. Despedem-se afavelmente, já na expectativa de novas oportunidades de encontros. "Vão com Deus!", dizem eles. "Fiquem com ele!", respondem os visitantes.

II – IR AO MUNDO COMO OUTROS CRISTOS

Na metáfora da Missa-Casa, o momento dos Ritos Finais corresponde à despedida, novamente na porta da casa. É hora de fazer da Missa uma missão, isto é, de levar para a vida toda a riqueza da Palavra de Deus ouvida e meditada, cantada e rezada, interiorizada como compromisso com a vida nova, tempo de ir ao mundo como "outros Cristos". No dizer da *Sacrosanctum Concilium*:

> A liturgia, por sua vez, impele os fiéis, saciados pelos "mistérios pascais", a viverem "em união perfeita", e pede que "sejam fiéis na vida a quanto receberam pela fé". A renovação, na Eucaristia, da aliança do Senhor com os homens, solicita e estimula os fiéis para a imperiosa caridade de Cristo. (SC, n. 10)

Os Ritos Finais constam de breves avisos, se necessário; algum momento devocional, quando previsto em ocasião extraordinária; da bênção final e da procissão de saída. Lentamente os fiéis vão saindo, ao som de uma canção bonita, na esperança de que, em breve, possam retornar para a festa da comunhão com Deus e com os irmãos na mesma fé!

VIVÊNCIA MISTAGÓGICA

Ambiente: *se possível, o encontro aconteça em um lugar amplo, onde um círculo de cadeiras possa ser organizado. Uma imagem ou estampa do Cristo Ressuscitado deve ocupar o centro, juntamente a uma mesinha, onde serão colocadas a Bíblia, flores e uma vela acesa. Uma folha de sulfite e uma caneta devem ser dadas a cada participante.*

a) **Refrão orante:** *Leva-me aonde os homens necessitem tua Palavra.*

 Acesse o QR Code para conhecer e ouvir.

b) **Recordação da vida:** motivar o grupo a recordar aspectos da realidade em que vivem que carecem de mudanças. Todos devem ser orientados a usar a mesma fórmula de oração: **Senhor, _____(ex.: nossas famílias, o mundo da política etc.) precisa de transformação. Enviai-nos!**

c) **Escuta da Palavra**
   - **Canto de escuta:** *Envia tua Palavra, Palavra de salvação.*

 Acesse o QR Code para conhecer e ouvir.

d) **Proclamação da Palavra:** Mt 10,5-16.
   - *Silêncio. Meditação. Partilha.*

e) **Nosso compromisso com a Palavra:** como Jesus enviou seus discípulos em missão, do mesmo modo, hoje, ele nos envia. Sua Palavra nos compromete com as diversas realidades que clamam por vida, justiça e fraternidade. O Senhor nos envia a: curar os enfermos (estender a mão a tantos que já perderem o sentido da existência ou passam por grandes aflições); ressuscitar os mortos (defender e promover a vida em todas as suas formas); limpar os leprosos (vencer todas as formas de preconceitos e discriminações); e expulsar os demônios (lutar contra o mal, o pecado e suas consequências pessoais e sociais). Expressemos nosso compromisso com a Palavra e o projeto do Senhor, desenhando na folha de sulfite um de nossos pés (pode ser o contorno do pé ou do sapato) e escrevendo nele uma palavra que seja de forte apelo espiritual, inspirados na profundidade da Palavra anunciada.

f) **Pai-nosso e Ave-Maria.**
g) **Despedida:** Louvado seja nosso Senhor Jesus Cristo! Para sempre seja louvado!
h) **Canto final:** *Quero ouvir teu apelo Senhor (durante o canto, colocar os pés no corredor central, partindo da imagem de Cristo, na direção da porta de saída).*

 Acesse o *QR Code* para conhecer e ouvir.

O RITO E A BÍBLIA

Algumas referências sobre a missão dos cristãos:

- **Ne 8,12:** E todo o povo foi embora para comer, beber, mandar alimentos aos pobres e mostrar grande alegria. É que haviam compreendido as palavras que lhes tinham sido comunicadas.
- **Mt 5,16:** É assim que deve brilhar vossa luz diante das pessoas, para que vejam vossas boas obras e glorifiquem vosso Pai que está nos céus.
- **Mt 28,19-20:** Ide, pois, fazer discípulos meus todos os povos, batizando-os em nome do Pai e do Filho e do Espírito Santo, ensinando-os a observar tudo quanto vos mandei. Eis que estou convosco, todos os dias, até o fim do mundo.
- **Lc 9,6:** [Os discípulos] partiram pois e percorreram os povoados, anunciando a boa-nova e curando por toda parte.
- **Jo 4,23:** Mas vem a hora, e já chegou, em que os verdadeiros adoradores hão de adorar o Pai em espírito e verdade. Estes são os adoradores que o Pai deseja.
- **Rm 12,1-2:** Portanto, irmãos, eu vos exorto, pela misericórdia de Deus, a que ofereçais os vossos corpos como sacrifício vivo, santo, agradável a Deus. Este é o vosso culto espiritual. Não vos ajusteis aos modelos deste mundo, mas transformai-vos, renovando vossa mentalidade, para que possais conhecer qual é a vontade de Deus: o que é bom, agradável e perfeito.

O QUE NOS ENSINA A IGREJA

Ite, missa est! (Ide, a missão vos foi dada). Assim a assembleia era saudada, ao final da celebração eucarística, no tempo da Missa em latim. Hoje, o diácono ou o sacerdote presidente diz: "Ide em paz e o Senhor vos acompanhe". Em ambas as saudações, a assembleia é convocada a viver a celebração eucarística, estendendo-a na própria vida e levando as lições do altar também aos outros.

Nesta saudação, podemos identificar a relação entre a Missa celebrada e a missão cristã no mundo. Na Antiguidade, o termo *"missa"* significava simplesmente "despedida"; mas, no uso cristão, o mesmo foi ganhando um sentido cada vez mais profundo, tendo o termo "despedir" evoluído para "expedir em missão". Deste modo, a referida saudação exprime sinteticamente a natureza missionária da Igreja; seria bom ajudar o povo de Deus a aprofundar esta dimensão constitutiva da vida eclesial, tirando inspiração da liturgia. Nesta perspectiva, pode ser útil dispor de textos, devidamente aprovados, para a oração sobre o povo e a bênção final que explicitem tal ligação. (SCa, n. 51)

"Ide!" Com esse mandato, o Senhor continua enviando o seu povo em missão, como outrora enviou seus apóstolos como anunciadores da boa-nova de seu reino de amor e de vida: "Ide por todo o mundo e pregai o Evangelho a toda criatura" (Mc 16,15). Ele mesmo garantiu que estaria sempre presente, acompanhando os seus discípulos na missão. Seu povo, alimentado pela sua Palavra e pela Eucaristia, feito seu corpo pelo batismo e confirmado pelo Espírito em cada Eucaristia, tem um caminho a percorrer, fazendo do cotidiano a sua Missa diária, celebrada no altar da caridade.

Ser comunidade, Corpo eclesial do Senhor, movido pelo sopro divino, sinal e instrumento de transformação pascal, é permanente dom do Pai, é graça, é exigência e finalidade da Eucaristia, cujo sentido não se esgota na ação celebrativa, mas se prolonga nas lutas diárias da humanidade, até que o Reino de Deus chegue à sua realização plena e definitiva.[55]

---

55 ZAVAREZ, M. L. Ritos Finais: o corpo eclesial de Cristo é enviado em missão. In: CNBB - Conferência Nacional dos Bispos do Brasil. *Liturgia em Mutirão*, 2007. p. 145.

Após os avisos, o sacerdote presidente da celebração dá a bênção a seus fiéis, que, despedidos e certos de que serão acompanhados do Ressuscitado, retornam "às suas boas obras, louvando e bendizendo a Deus" (IGMR, n. 90c). E de Missa em Missa, a fé de cada cristão vai se consolidando e se fortalecendo, para que toda a sua vida seja iluminada e essa luz seja refletida nas realidades em que vive, revelando ao mundo toda a força transformadora da sagrada Eucaristia.

> A celebração dominical, antes de ser um preceito, é um dom de Deus a seu povo. [...] A celebração dominical oferece à comunidade cristã a possibilidade de ser formada pela Eucaristia. De domingo a domingo, a Palavra do Ressuscitado ilumina nossa existência, querendo realizar em nós aquilo para que foi enviada (cf. Is 55,10-11) (DD, n. 65).

ORIENTAÇÕES LITÚRGICO-PASTORAIS

- Se houver necessidade de fazer comunicados à assembleia, sejam eles realizados nesse momento. É preciso cuidar para que a lista de avisos não seja enfadonha. Os avisos devem ser breves e interessar a todos. Comunicados para grupos menores podem ser dados por outros meios, sendo supérfluos nesse momento.
- A sensibilidade pastoral do sacerdote presidente e de toda comunidade poderá mostrar a necessidade de breves saudações a pessoas que celebram datas especiais, tais como aniversários, bodas, formaturas ou mesmo celebração de sétimo dia de falecimento de alguma pessoa querida da família. Esse momento é oportuno para significativos gestos de solidariedade.
- Em algumas ocasiões festivas, quando se comemoram santos de grande devoção popular, tais como as festas de Nossa Senhora ou dos padroeiros de nossas comunidades, pode-se abrir nesse momento um espaço para algum rito devocional. Os santos são considerados pela Igreja como autênticas testemunhas da fé e grandes intercessores em favor do povo de Deus que ainda caminha neste mundo, procurando cumprir a vontade de Deus. Orações próprias de novenas podem

> **PARA APROFUNDAR**
> Instrução Geral do
> Missal Romano,
> n. 90.

ser feitas durante os Ritos Finais ou antes da celebração da Missa. Também coroações de Nossa Senhora cabem aqui. O bom-senso, porém, indicará algum limite para essas expressões, para que não se prolonguem demasiadamente e não obscureçam o mistério celebrado, mas, pelo contrário, o evidenciem ainda mais.

- A "saudação e bênção do sacerdote que, em certos dias e ocasiões, é enriquecida e expressa pela oração sobre o povo ou por uma fórmula mais solene" (IGMR, n. 90b), seguidas da despedida ao povo, com alguma das fórmulas previstas pelo Missal ou outra espontânea ligada à liturgia do dia, finalizam a celebração da Missa.

- Na saída, os ministros ordenados beijam o altar e lhe fazem reverência profunda, retirando-se do presbitério. É sinal de respeito dos membros da assembleia que aguardem a procissão de saída, para que, em seguida, também deixem seus lugares e, com tranquilidade, retornem para suas casas.

- Em alguns lugares, conforme o costume, o sacerdote presidente acolhe os fiéis na porta ou, então, após a benção de envio, dirige-se até lá. Os membros da assembleia o aguardam, e ele se despede de cada um deles, com um aperto de mão ou abraço.

CONCLUSÃO

É difícil concluir sem poder colocar ponto final! Em se tratando da Missa, ainda teríamos muito a falar e, mesmo assim, teríamos dito o mínimo necessário, tal é sua grandeza. No entanto tudo o que foi refletido neste livro já é um bom começo para quem deseja se aproximar mais do Mistério a fim de, reverente, contemplá-lo, qual Moisés frente à sarça ardente (cf. Ex 3,1-6), para nele experimentar o encontro com o Deus Vivo.

A Eucaristia ocupa um lugar de plenitude na vivência sacramental dos cristãos católicos. Como sacramento permanente, ela está para a Igreja como fonte capaz de lhe revigorar e lhe aplacar a sede de vida, sede de amor. Ao peregrino que percorre a longa caminhada na vida, com o olhar no horizonte definitivo do Reino, a celebração eucarística é água boa, oásis reconfortador, paragem serena que recompõe os sonhos e dá ânimo (alma) para que nunca desista de tentar novos passos! Ela é pão do céu, maná de cada dia (cf. Ex 16,4-5), alimento que sustenta o povo que segue a luta da vida, na certeza de que nunca lhe faltarão provisões para que complete a travessia rumo à terra prometida.

Entretanto, como bem adverte a Igreja,

> Para chegar a essa eficácia plena, é necessário que os fiéis se acerquem da sagrada liturgia com disposições de reta intenção, adaptem a mente às palavras, e cooperem com a graça divina para não recebê-la em vão. Por isso, é dever dos sagrados pastores vigiar para que, na ação litúrgica, não só se observem as leis para a válida e lícita celebração, mas que os fiéis participem dela conscientemente, ativa e frutuosamente. (SC, n. 11)

Romano Guardini, há tempo, já acenava para o que o Papa Francisco hoje chama de "analfabetismo litúrgico" (cf. DD, n. 44), isto é, a dificuldade, ou mesmo a incapacidade que as pessoas do mundo contemporâneo têm de "ler" o universo simbólico que constitui a ritualidade litúrgica. Para Guardini, "o homem deve voltar a ser capaz de símbolos"[56]. De fato, é doída ao coração dos autênticos mistagogos – leigos e ordenados – a superficialidade com que tanta gente transita em nossas celebrações litúrgicas, especialmente em nossas Missas. Se o símbolo litúrgico produz o que significa, perguntamos o que pode produzir na vida de alguém para quem ele nada significa. É certo que a celebração sacramental tem uma eficácia em si mesma, por se tratar da ação do Espírito do Ressuscitado, no coração e na vida de cada fiel, independentemente das disposições dele – o que a Igreja chama de *ex opere operato*. Porém, é igualmente certo que o desconhecimento e a impermeabilidade ao poder do simbólico comprometem grandemente o mergulho no Mistério celebrado e seu maior proveito espiritual na vida de quem celebra.

Conhecer melhor o que se celebra na Missa e se deixar educar *para* e *pela* liturgia, esses são os desafios propostos por este livro ao nosso(a) leitor(a). Esperamos ter deixado em cada um(a) a alegria da descoberta da beleza da celebração eucarística, bem como a inquietação e o desejo de se aprofundar na riqueza de nossa liturgia, para celebrá-la com mais proveito e amor. Afinal, é verdade o que diz o velho ditado: "ninguém ama aquilo que não conhece"!

---

56 GUARDINI, R. *apud* PAPA FRANCISCO. *Carta Apostólica Desiderio Desideravi*: sobre a formação litúrgica do povo de Deus. n. 44. São Paulo: Paulus, 2022.

Meu divino Senhor:

Permita-me assentar-me à tua mesa,

bem ao lado dos teus discípulos e discípulas,

para a Ceia Pascal, dom do teu amor.

Sei que não sou digno(a)

de me colocar na tua presença,

mas sei também que não te prendes

a nenhum mérito de minha parte,

pois tu me desejas contigo

e me revelas ali a tua misericórdia.

O amor que brota de teu divino coração

me justifica e me dá a graça

de ser comensal do banquete eterno,

no qual tu mesmo te fazes alimento.

Basta-me dizer "Amém", "Eu aceito",

e teu olhar me dá a certeza

de que, apesar de pequeno(a) e miserável,

me contas entre os(as) teus(tuas) escolhidos(as).

Acolhido(a) no calor de tua divindade,

peço-te que me abras os ouvidos

à tua Palavra de Salvação,

e, como outrora

abrasaste os corações de teus amigos,

acende em mim o fogo

da tua presença, que me enche de verdadeira vida.

Senhor, ergue diante de mim

o Pão da vida e o Cálice da salvação,

sacrifício por toda a humanidade,

para que não se perca nenhum daqueles que tu amas,

a começar por mim,

testemunha da grandeza do teu Mistério.

E dá-me a graça de repetir,

em tua memória,

hoje e sempre,

o dom do amor a meus irmãos,

como tu amaste até o fim...

Assim terei entendido

que da Mesa se vai à Cruz,

ambos altares de amor,

Missa cotidiana a ser vivida

no templo da existência

até que chegue o banquete eterno,

no teu Reino definitivo. Amém!

REFERÊNCIAS

Documentos da Igreja

CATECISMO DA IGREJA CATÓLICA. Petrópolis: Vozes, 1993.

CNBB – Conferência Nacional dos Bispos do Brasil. *Animação da vida litúrgica no Brasil*. São Paulo: Paulinas, 1989. [Doc. 43].

CNBB – Conferência Nacional dos Bispos do Brasil. *Guia Litúrgico-Pastoral*. 3. ed. Brasília: CNBB, 2017.

CNBB – Conferência Nacional dos Bispos do Brasil. *Instrução Geral sobre o Missal Romano e Introdução ao Lecionário*. Texto oficial da terceira edição típica do Missal Romano. Brasília: CNBB, 2023.

CNBB – Conferência Nacional dos Bispos do Brasil. *Orientações para o projeto e construção de igrejas e disposição do espaço celebrativo*. Estudos da CNBB n. 106. ão paulo: Paulus, 2013.

CONGREGAÇÃO PARA O CULTO DIVINO E DISCIPLINA DOS SACRAMENTOS. *Instrução Geral dos Documentos do Compêndio Vaticano II*. São Paulo: Paulus, 1997.

CONSTITUIÇÃO DOGMÁTICA DEI VERBUM. Documentos do Concílio Vaticano II (1962-1965). São Paulo: Paulus, 2021.

CONSTITUIÇÃO SACROSANCTUM CONCILIUM. Documentos do Concílio Vaticano II (1962-1965). São Paulo: Paulus, 2021.

DECRETO PRESBYTERORUM ORDINIS. Documentos do Concílio Vaticano II (1962-1965). São Paulo: Paulus, 2021.

MISSAL ROMANO. Terceira edição típica. Brasília: CNBB, 2023.

PAPA BENTO XVI. *Carta Encíclica Deus Caritas Est*. São Paulo: Loyola, 2006.

PAPA BENTO XVI. *Exortação Apostólica Sacramentum Caritatis*. São Paulo: Paulinas, 2007.

PAPA BENTO XVI. *Exortação Apostólica Pós-Sinodal Verbum Domini*: sobre a Palavra de Deus na vida e na missão da Igreja. São Paulo: Paulinas, 2010.

PAPA FRANCISCO. *Carta Apostólica Desiderio Desideravi*: sobre a formação litúrgica do povo de Deus. São Paulo: Paulus, 2022.

PAPA FRANCISCO. *Exortação Apostólica Evangelii Gaudium*: sobre o anúncio do Evangelho no mundo atual. São Paulo: Paulinas 2013.

PAPA FRANCISCO. *Misericordiae Vultus*: Bula de proclamação do Jubileu Extraordinário da Misericórdia. São Paulo: Paulinas, 2015.

PAPA FRANCISCO. *Na missa sem relógio*. Revista Passos, 2014. Disponível em: http://arquivo. revistapassos.com.br/default.asp?id=425&id_n=3857&pagina=12 . Acesso em: 26 dez. 2023.

PAPA JOÃO PAULO II. *Exortação Apostólica Pós-Sinodal Christifideles Laici*. São Paulo: Paulinas, 2004.

SAGRADA CONGREGAÇÃO DOS RITOS. *Musicam Sacram*: instrução sobre música na liturgia. 5 mar. 1967. Disponível em: https://cdn.dj.org.br/wp-content/uploads/2020/10/Musicam-Sacram.pdf. Acesso em: 22 dez. 2023.

SAGRADA CONGREGAÇÃO PARA O CULTO DIVINO. *Instrução Inter Oecumenici*. 26 set. 1964. Disponível em: https://gloria.tv/post/x6iDeuQvD9ew1QgY1ruVXoQjg. Acesso em: 22 dez. 2023.

SAGRADA CONGREGAÇÃO PARA O CULTO DIVINO. *Instrução Redemptionis Sacramentum*. 2004. Disponível em: https://www.vatican.va/roman_curia/congregations/ccdds/documents/rc_con_ccdds_doc_20040423_redemptionis-sacramentum_po.html. Acesso em: 22 dez. 2023.

Outras obras

BÍBLIA SAGRADA. Petrópolis: Vozes, 2012.

BOSELLI, G. *O sentido espiritual da liturgia*. Brasília: CNBB, 2014. p. 106. (Coleção Vida e Liturgia da Igreja, v. 1)

CELAM – Consejo Episcopal Latinoamericano y Caribeño. *A celebração do Mistério Pascal*. São Paulo: Paulus, 2005.

CNBB – Conferência Nacional dos Bispos do Brasil. *Liturgia em mutirão*. Brasília: CNBB, 2007.

CORDEIRO, J. de L. (org.). *Antologia litúrgica*: textos litúrgicos, patrísticos e canônicos do primeiro milênio. 2. ed. n. 1984e. Fátima: Secretariado Nacional de Liturgia, 2015.

FONSECA, J. *Cantando a missa e o ofício divino*. São Paulo: Paulus, 2004.

GIRAUDO, C. Un'assemblea strutturata a partire da suo presidente. *La Vita in Cristo e nella Chiesa*, n. 2, p. 43, fev. 2005.

GRILLO, A. *Ritos que educam*: os sete sacramentos. v. 4. Brasília: CNBB, 2017. p. 83. (Coleção Vida e Liturgia da Igreja)

GRÜN, A.; REEPEN, M. *Rezar com o corpo*: o poder curativo dos gestos. Petrópolis: Vozes, 2016.

JUNGMANN, J. A. *Missarum Sollemnia*. São Paulo: Paulus, 2015.

OFÍCIO DIVINO DAS COMUNIDADES. São Paulo: Paulus, 2018.

PASTRO, C. *Arte sacra*: o espaço sagrado hoje. São Paulo: Loyola, 1993.

SAINT-EXUPÈRY, A. de S. *O pequeno príncipe*. Petrópolis: Vozes, 2016.

SONDA, L. A cadeira da presidência. *Revista de Liturgia*, n. 190, p. 21, jul./ago. 2005.

TABORDA, F.; MARQUES, F. J. de O.; NASCIMENTO, M. G. do. Uma anáfora brasileira: a Oração Eucarística V. *Persp. Teol.*, n. 38, p. 48, 2006. Disponível em: https://www.faje.edu.br/periodicos/index.php/perspectiva/article/view/313. Acesso em: 22 dez. 2023.

ANOTAÇÕES

Conecte-se conosco:

 facebook.com/editoravozes

 @editoravozes

 @editora_vozes

 youtube.com/editoravozes

 +55 24 2233-9033

www.vozes.com.br

Conheça nossas lojas:
www.livrariavozes.com.br

Belo Horizonte – Brasília – Campinas – Cuiabá – Curitiba
Fortaleza – Juiz de Fora – Petrópolis – Recife – São Paulo

  Vozes de Bolso

EDITORA VOZES LTDA.
Rua Frei Luís, 100 – Centro – Cep 25689-900 – Petrópolis, RJ
Tel.: (24) 2233-9000 – E-mail: vendas@vozes.com.br